언제라도
티타임

언제라도 티타임

초판 1쇄 발행 2014년 11월 27일

지은이 노시은
발행인 허정도
총괄 김상훈 **기획관리** 안병현 **편집장** 허균
기획편집 김혜영, 정혜림 **디자인** 이선미 **마케팅** 신대섭

발행처 주식회사 교보문고
등록 제406-2008-000090호(2008년 12월 5일)
주소 경기도 파주시 광인사길 212
전화 대표전화 02)1544-1900 **주문** 02)3156-3681 **팩스** 0502)987-5725

ISBN 978-89-98886-90-5   13590
값 13,000원

NATURALLY
DECAFFEINATED

언제라도
티타임

Un melange de Thesen
prownance de Ceylan avec
des Thes de l'Inde

4oz Poids Net ll3g

노시은 지음

마카롱

Prologue

붉게 빛나는 사막의 모래 언덕 위로 떠오르는 태양을 바라보며 차를 마신다.

폭신하고 따뜻한 호텔 침대를 박차고 나와 눈곱만 떼고 대충 아무 옷이나 주워 입고선 식당으로 내려간다. 가장 먼저 테이블 위에 놓이는 건 우유를 듬뿍 넣은 잉글리시 브렉퍼스트이기 마련.

점심 먹는 것도 잊고 집중해서 박물관을 돌아다니다 문득 감지한 음식 냄새를 따라가 본다. 이곳 직원 압둘라 아저씨가 커다란 메소포타미아 석상 뒤에서 부인 하디자가 싸준 도시락을 먹고 있다. 손사래를 치는 나를 끝내 앉히고는 음식을 나눠 먹자고 한다. 공범이 필요했던 모양이다. 음식은 끝내주게 맛있

고 보온병에 담긴 하디자 표 차까지 나눠 마시며 나는 고대의
유물에 둘러싸인 채 기꺼이 공범이 된다.

비가 추적추적 내리는 오후, 걷기 싫어 보이는 대로 들어간
카페에서 티 한 포트를 주문하고 앉는다. 이내 미소가 예쁜 점
원이 차와 쿠키를 내오며 방금 구웠으니 먹고 힘내란다. 창밖의
작은 항구가 왠지 더 로맨틱해 보인다.

위장이 꽉 차오를 때까지 맛있는 음식을 밀어 넣지만 곧 거
나한 저녁에 대한 후회가 밀려온다. 집으로 달려오자마자 하는
일은 물 한 주전자 올려놓고 차판과 보이차 전용 서시호를 꺼
내는 일. 차총도 쭈르르 올려주고 차 칼로 떼어낸 숙차 한 덩이
를 차호에 넣고 세차와 예열을 한 번에 해결한 뒤에 차를 우려
마신다. 아, 이제야 음식이 좀 내려가는군.

길었던 하루를 마무리하는 순간. 일기를 쓰든 어젯밤에 읽
던 책을 이어서 읽든 내 옆에는 머그잔이 있다. 그 속에서는 꿀
과 바닐라가 가향된 카모마일이나 바닐라 혹은 마르코폴로 루
이보스가 은은한 향기를 뿜어낸다.

그렇게 하루하루 차와 함께 행복한 나날들.

 Prologue •4

1부 차와 만나는 시간

내 인생이 빛나기 시작했다

잉글리시 브렉퍼스트

English Breakfast

기분 좋은 하루의 시작

영국England, 아침 8시

차가운 어둠이 내려앉은 늦은 밤. 따뜻한 차를 홀짝이며 두 여자의 수다가 계속된다. 그 끝은 푹신한 소파 위의 하얀색 침대보와 가벼운 깃털이 사락사락 소리를 내는 포근한 이불 사이에 몸을 밀어 넣고 편안한 베개 위에 내 머리를 올리는 순간이다. 그녀는 자고 싶을 때까지 실컷 자라고 말했지만 언제나 내 눈이 번쩍 떠지는 시간은 아침 8시. 이불 속에서 꼼지락거리고 있으면 어떻게 내가 깨어난 걸 알아챘는지 금세 그녀가 하얀 바탕에 푸른색 그림이 그려진 예쁜 찻잔(혹은 예쁜 꽃들로 우아하게 장식된 잔)에 따뜻한 밀크티를 가지고 온다. 언제부터 일어나 있었는지 금방이라도 외출할 사람처럼 말쑥한 옷차림에 예쁘게 화장도 마쳤다. 코를 간질이는 은은한 화이트 머

11

스크 향기까지!

환하게 웃으며 잘 잤느냐고, 잠자리가 불편하지는 않았느냐고 다정히 묻는 그녀. 내 얼굴은 분명 퉁퉁 붓고 눈곱도 붙어 있을 테지만 살가운 목소리를 듣는 순간 저절로 미소가 떠오른다. 우유를 듬뿍 넣은 밀크티를 마시니 몸에 따뜻하고 좋은 기운이 퍼져 나가는 것 같다. 조금만 더 이불 속에서 느긋하게 이 잔에 든 차를 다 마셔야겠다. 그때쯤이면 하루를 시작할 마음의 준비까지 되어 있겠지.

#2

스코틀랜드 어느 한적한 시골 마을의 귀여운 오두막 B&B Bed & Breakfast에서 맞이하는 아침. 어젯밤 푹신한 침대Bed를 이용했으니 이제 푸짐한 아침Breakfast을 이용할 차례다. 얼굴에 물을 묻히는 둥 마는 둥 고양이 세수를 하고 보이는 대로 집어 든 옷을 닥치는 대로 꿰어 입고 식당으로 내려갔다. 인심 좋은 주인아주머니가 푹 잤느냐며 반갑게 맞아주고 달걀을 어떻게 요리해줄지 물어온다. 그녀를 바라보며 침대가 푹신해서 숙면을 취했다고, 반숙으로 부탁한다고, 고맙다고 답한다.

어젯밤에 본 그녀의 소싯적 사진 속 얼굴을 떠올려 지금 그녀의 얼굴에 오버랩해 봤다. 똑같을 수는 없겠지만 일치하는 흔적들을 발견하며 그녀가 그때나 지금이나 참 아름답다고 생각한다. 다 됐다며 맛있게 먹으라고 식사를 날라다 준 그녀에게 슬쩍 방에 걸린 사진은 언제 찍은 것이냐고 물었더니 스무 살 때라고 했다. 그땐 예뻤는데 이젠 늙어 할망구가 다 됐다며 호탕하게 웃는 그녀에게 하나도 안 변했다고, 지금도 똑같이 예쁘다고 말했다. 그리고 우린 함께 웃었다.

'나도 앞으로 세월이 나를 데려가는 속도로 저렇게 흔적만 간직한 채 늙어가겠지, 피할 수 없다면 나 또한 저렇게 곱게 늙을 테야.' 주인을 닮아 통통한 이 집 고양이가 내 다리 사이를 지나가는 느낌에 놀라 내 결연한 마음도 끝난다. "야옹" 하며 아침 인사를 건네는 그 녀석의 털이 따스하고 보드랍다.

눈앞에는 보기만 해도 든든해지는 깔끔한 아침 한상이 차려졌다. 화려한 분홍색 꽃들로 장식한 예쁜 티포트와 찻잔을 보는 것만으로도 호사스러운 기분에 마음이 들뜬다. 우선 신선한 오렌지 주스부터 원샷! 다음엔 일부러 진하게 우린 차를 잔에 조금 따르고 우유를 듬뿍. 이렇게 내가 사랑하는 영국식 아침식사가 시작된다.

3

"아이고, 머리 아파. 우리 어제 대체 몇 시까지 마신 거야?"

"나도 모르겠어. '늦게까지'였다는 것은 확실하지."

"배고프다. 뭐 좀 먹으러 가자."

"어. 내가 갈 만한 펍 하나 봐뒀어."

"뭐? 맙소사! 또 펍?"

"휴가 온 거니까 난 해장 맥주를 마실 거라구. 거기 아침식사
가 싸고 괜찮아. 넌 그거 먹어."

"차도 있어?"

"당연하지. 너 지금 네가 어느 나라에 있다고 생각하니? 여
긴 영국이거든!"

서양 애들은 강철 위장이라도 가진 건지 술자리에선 말 그대
로 술만 퍼마신다. 적당히 취기가 올라 분위기가 고조되면 테킬
라, 보드카, 예거마이스터 같은 도수 높은 술로 샷까지 마셔대
니 위장에서 진창 뒤섞인 술들은 다음 날 숙취라는 못난이를
탄생시킨다. 뒤척이느라 몇 번이나 침대에서 떨어질 뻔해 깜짝
놀라는 얕은 잠과 목이 타들어가는 갈증은 부록이다.

영국 남자인 친구에게 휴가란 펍에서 웃고 떠들며 부어라 마
셔라 하며 하루를 끝내고 다음 날 아침 다시 펍으로 돌아가

잘 튀긴 해시포테이토, 기름이 줄줄 흐르는 베이컨과 소시지 따위로 가득한 영국(펍)식 아침식사를 안주 삼아 맥주 한두 파인트(약 570mL)를 들이키며 하루를 시작하는 것이더라.

내 앞에 놓인 접시에서 번들거리는 동물성 기름이 부디 쓰린 위벽을 푸근하게 감싸줄 것을 간절히 소망했다. 그리고 좋다고 아침부터 맥주를 마셔대는 친구를 보고서는 고개를 절레절레 흔들며 내 찻잔에 우유를 그득히 붓는다. 달콤함으로 말초신경에 활기를 즉시 불어넣어 줄 설탕이나 꿀은 옵션.

영국에서의 또 다른 아침이 달달하게 시작되는 순간이다.

Tea Story __

잉글리시 브렉퍼스트는 하나의 찻잎이 아닌 여러 가지 찻잎을 블렌딩해서 만든 차의 이름이다. 아쌈Assam, 실론Ceylon, 케냐Kenya를 블렌딩하는 것이 주를 이루지만 그 외에도 각종 홍차 잎들을 다양한 비율로 섞어 만든다. 홍차 회사마다 섞는 비율은 다르지만 공통점은 있다. 이름처럼 아침에 마시기 좋은 차라는 것인데, 여기에는 잠을 깨게 해주는 차라는 의미도 있지 않을까 싶다. 따라서 카페인 함량이 높은 편이고 우유를 섞으면 고소한 맛을 즐길 수 있다. '잉글리시'라는 타이틀이 붙은 것은 이 차가 영국 빅토리아 여왕 시대부터 유행하기 시작했기 때문이다. 영국에서는 앞의 타이틀은 떼고 그냥 '아침 차Breakfast Tea'라고 부르기도 한다.

맛있는 잉글리시 브렉퍼스트 밀크티 만들기

꿈인지 생시인지 정신이 혼미한 아침에는 텅텅 빈 위장 때문에 기력도 없다. 그럼에도 분주하게 하루를 시작해야 하는 사람들을 위해 티백으로 간편하고 신속하면서도 그럴듯한 맛을 내는 방법을 소개하려고 한다.

1. 머그잔에 끓인 물을 반 정도 부은 뒤 몇 번 회전시켜 '고속 예열'을 한다. 귀찮다면 생략해도 무난하지만 이 과정이 있어야 좀 더 맛있다.

2. 예열에 사용한 물을 버리고 강한 맛을 원하면 티백을 넣은 뒤에 끓인 물을, 부드러운 맛을 원하면 끓인 물을 붓고 나서 티백을 넣는다. 물의 양은 일반 홍차보다 적게 할 것. 그리고 컵 윗부분을 덮어 5분 정도 기다린다.

3. 뚜껑을 열고 우유를 원하는 만큼 부어준다. 우유를 많이 부으면 차가 식으니 전자레인지에 30초~1분 정도 돌려주면 아침을 깨워주는 따뜻한 잉글리시 브렉퍼스트 밀크티가 완성된다.

tip ──▶ 밀크티가 아닌 스트레이트로 마실 생각이라면 2.5~3분 정도 우려내는 것이 적당하다. 진한 차가 부담스러운 홍차 초보라면 1~2분 가량 우리는 것이 좋다. 찻물의 색깔을 관찰해 차가 우러나는 정도를 결정할 수도 있다.

말차
抹茶

아침 햇살 아래서 초록을 통째로 마시다

"**차 마실 시간이야!**" 아래층에서 들려오는 일본 엄마의 목소리다. 책상 앞에 앉아 있다가 진행 중이던 모든 일을 멈추고 우당탕 계단을 뛰어 내려간다. 커다란 나무 테이블 오른쪽의 내 자리에 앉아 기다리면 일본 엄마의 시어머니인 할머니도, 동서지간인 요시사토 상도 나타나 각자의 자리에 앉는다.

흐린 날도 있겠지마는 대개는 햇살이 가득하다. 이 시간에는 제법 손때가 묻어 반질반질해진 커다란 테이블 위로 햇살이 내려오고 그 햇살 아래 드러난 나뭇결을 따라가며 '멍때리는' 일을 만끽할 수 있다. 시선의 흐름은 다완茶碗(찻종)이나 말차가 든 통, 커다란 귀이개처럼 생긴 다시茶匙 끝에 묻은 초록색 말차 가루, 다식을 놓을 작은 접시들과 귀여운 포크 같은 것들에 방해받곤 한다.

하지만 무엇보다 궁금증을 자아내는 건 그날의 다식이다. 예쁜 모양을 낸 만주인 날도 있고, 색깔을 입히거나 윤이 반짝이게 광을 낸 모찌인 날도 있다. 대개는 계절적 특성을 살린 과일 모양이나 전통 동물 모양 같은 것을 낸다. 다른 지역의 특산물이 선물로 들어온 다음 날은 그 명물이 상에 오르기도 한다. 더도 말고 덜도 말고 1인당 하나가 정해진 분량이다. 야박하다고 생각할 수도 있지만, 그 맛을 안다면 이해할 것이다. 차와 함께 먹는 다식은 겉모습만 보고는 정확한 맛을 예측할 수 없다. 반드시 직접 먹어봐야만 알 수 있는 경우가 대부분. 그러므로 그 결과를 상상하는 재미 또한 쏠쏠할 수밖에.

엄마는 다시로 적당량의 말차를 퍼서 다완에 넣고 뜨거운 물을 부은 뒤 빗자루처럼 생긴 다선※筅으로 말차가루와 물을

섞었다. 삭삭 소리가 나며 순식간에 몽글몽글 거품이 만들어졌다. 부드럽게 피어오른 거품 꽃을 머금은 말차가 한 사람 한 사람 앞에 놓인다. 투박한 밥그릇 모양의 다완이 놓일 때도 있고 신비로운 보랏빛과 금색의 조화로 우아한 다완이 놓일 때도 있다.

차가 사락사락 소리를 내며 준비되는 동안 할머니는 오늘의 날씨, 전날 텃밭에서 수확한 농작물, 조상님 묘지를 돌보러 갔던 일에 대해 이런저런 참견을 한다. 내가 제일 좋아하는 건 할머니가 소싯적에 대한 이야기 보따리를 풀어놓을 때다. 엄마도 요시사토 상도 몇 번이나 들은 이야기임이 분명하기에 그저 빙그레 미소 지으며 가만히 듣고 있다가 이야기가 삼천포로 빠진다거나 할머니가 몇몇 내용을 빠뜨리면 스리슬쩍 잃어버린 조각을 넣어준다. 그럼 할머니는 옳거니, 하고는 이야기를 이어가는 것이다.

이야기가 절정에 달할 무렵이면 차가 모두 준비된다. 우리는 한 박자 쉬면서 먼저 다식을 입에 넣고 우물우물 음미한다. 다식은 보기만 해도 예뻐 저걸 어떻게 먹나 싶다가도 막상 푹 찔러 입에 넣으면 정신이 번쩍 들 만큼 달다. 그러니 두 개는 무리. 한 개가 딱 적당한 양이다. 이 달콤한 덩어리를 꼭꼭 씹어

꿀꺽 삼킨 뒤, 앞에 놓인 다완을 두 손으로 쥔다. 그리고 다완을 오른쪽으로 조금 돌린 뒤, 안에 든 차를 단숨에 혹은 두세 모금에 나누어 마신다. 입안에 남은 달달한 기운을 몽글몽글한 연두색 거품과 진한 초록빛의 씁쓸하면서도 상큼한 말차로 씻어내는 것이다. 그러고 나면 입에는 청량하고 개운한 기운만 남는다. 아침 티타임의 절정인 이 시간은 이제 막 피어난 햇살과 말차라는 형태로 보존된 대지의 싱그러운 초록색 기운을 꿀꺽 집어삼켰다는 생각에 기분 좋아지는 순간이기도 하다.

혹시라도 찻물의 온도가 높은 날은 대지의 기운을 느낄 겨를도 없이 달콤함 뒤에 입안을 홀라당 델지도 모르는 테러의 위협이 있으니 조심하도록. 그래서 나 같은 초짜가 만들어 내는 말차를 마시는 건 위험한 경험이 될 수도 있다. 오직 일본 엄마 같은 베테랑만이 손목을 가볍게 튕기며 다선으로 사라락 다완 속을 휘저어야 말차가 물에 잘 섞이며 풍부한 거품을 내고 차 온도는 적당하게 내려가는 효과를 낼 수 있다.

말차는 마시기 전에 다완을 오른쪽으로 돌려야 한다. 이는 다완을 존중하는 마음에서 정면이 아닌 측면으로 비켜서 마시는 것이란다. 다완은 집에서 막 굴리는 밥그릇 혹은 막걸리 부어 마시기 좋은 막사발같이 생긴 경우가 많은데 수준에 따

라 가격이 천차만별이다. 수억 원을 호가하는 것도 있다니 그 저 놀랍다. 재미있는 사실은 일본에서 가장 비싼 다완이 고려 시대에 만들어져 건너간 것이라는데. 이런, 그 이야기를 시작하 면 언제 끝날지 모르니 일단 이쯤에서 멈추겠다. 어쨌든 일본인 이 다완을 대하는 태도는 매우 진중하다. 언젠가 엄마가 내게 특별한 다완에 말차를 내어주던 아침에는 반지를 빼달라는 요 청을 했을 정도다.

마시기 전 다완을 오른쪽으로 돌리는 것에는 '감히' 소중한 다완의 정면으로 마시지 않겠다는 뜻도 있겠지만, 시야에 들어 오지 않았던 나머지 부분을 감상한다는 의미도 있지 않을까. 그러니 굳이 형식과 절차를 따지자면 자신의 다완을 오른쪽과 왼쪽에서 감상하는 과정도 들어가야 마땅하지만 격식 없이 마

실 경우에는 대부분 생략한다.

　네 여자가 저마다의 일정으로 바쁜 날은 꿀꺽 마신 다완을 내려놓기 무섭게 후다닥 헤어지지만 이야기의 여운이 진한 날은 수다의 장이 이어지기도 한다. 그럴 땐 와삭와삭 씹어 먹는 에비 센베이(새우 과자)에 현미차를 마시거나 부드럽고 맛있는 향기가 나는 카스텔라에 홍차를 마시기도 한다. 수다는 생산적으로 재미있는 일을 해보자는 계획으로 이어지거나 그날의 신나는 마실 일정으로 변신한다. 뭐가 그렇게 즐거운지 다들 연신 까르르. 여자 셋이 모이면 접시도 깨진다지만 넷이 모였음에도 불구하고 다행히 소중한 다완이 깨지는 일은 일어나지 않는다. 아침의 햇살은 점차 강렬한 정오의 햇살로 단단해지고 우리의 하루도 그렇게 촘촘히 채워진다.

Tea Story

말차를 마시기 위해선 조금은 생소한 준비물이 필요하다.

1. 말차
증기로 찐 연한 찻잎을 건조한 뒤 곱게 갈아서 만든 차다.
입자가 고와 떫은맛이 적고 찻잎을 통째로 갈아 아미노산과 엽록소가 풍부하다.
더군다나 물에 녹지 않는 비타민A나 토코페롤, 섬유질 등을
그대로 섭취할 수 있어 영양이 높다.
다만 만드는 과정이나 변질을 막기 위한 보관 과정이 까다로워
우리나라에서는 삼국시대부터 조선시대 초까지만 마셨다고 전해진다.

2. 다시
말차를 뜰 수 있게 만든 도구다. 대나무로 만들어진 경우가 많은데
끝이 오목해 대개 두세 번 정도 떠 넣는 것이 적당하다.

3. 다선
빗자루처럼 생긴 도구로 대나무를 얇게 쪼개서 만든다. 쪼개진 수대로 80본,
100본, 120본 등으로 나뉘는데 보통 100본을 많이 사용한다.
다완에 말차와 물을 넣고 섞는 데 가장 중요한 역할을 한다.

4. 다완
말차를 만들어 마시는 찻잔. 말차는 다선으로 휘저어서 만드므로
일반적인 찻잔보다 크기가 큰 편이다. 격식 있는 자리에 초대되었다면
다완에 흠집을 낼 수도 있는 액세서리는 빼고 마신다.

5. 다식
꼭 갖추고 먹어야 하는 것은 아니지만 없으면 허전하다.
특히 달디 단 다식을 먹은 뒤 후루룩 씁쓸한 말차를 마셔야 끝에
개운한 달콤함이 입안에서 감돌아 상쾌하다. 말차만 마실 경우 말차 특유의
미세한 단맛을 즐길 수 있다.

맛있는 말차 만들기

1. 우선 뜨거운 물을 담아 다완을 예열한다.
여기에 다선을 담가두면 솔 부분이
부드러워지는 효과를 볼 수 있다.

2. 물을 부어내고 다시로 말차를 두세 번 크게 떠서
다완에 넣고 60~70mL 정도의 물을 부어준다.

3. 다선을 집어 올리듯
엄지, 검지, 중지 세 손가락을 중심으로
잘 쥔 뒤 손목의 스냅을 이용해 거품을 풍부하게 내며
물과 말차 가루를 잘 섞어준다.

4. 고운 연두색 거품이 부드럽게 차의 표면 전체를
덮으면 초록을 통째로 마실 수 있는 말차 준비 끝.

tip ──── 초보자라면 거품을 낼 때 가루가 덩어리지는 것을 방지하기 위해서
소량의 물을 부어 다선으로 잘 갠 뒤에 나머지 물을 부어주면 맛있는 차를 만
들 수 있다. 물 온도는 80~90℃가 적당한데 끓였던 물을 다완을 예열하는 동안
식지 않도록 보온했다가 사용하면 된다.

요시사토 상과
말차 시폰 케이크
굽는 시간

말차 이야기가 나왔으니 케이크 이야기를 빠뜨릴 수가 없겠다. 요시사토 상은 내가 아는 한 최고로 맛있고 부드러운 케이크를 굽는 사람이다. 그녀가 케이크 가게를 낸다면 나는 일본으로 이사 가고 싶어질 것이다. 바로 옆집에 세 들어 살면서 매일 바닥을 청소하고 케이크를 구울 수 있도록 재료를 준비하고 내가 만나는 모든 사람들에게 그녀의 케이크가 얼마나 맛있는지 자랑할지도 모르겠다.

요시사토 상의 케이크를 먹을 때마다 나의 이런 생각을 어필하지만 그녀는 이내 손사래를 치며 맛있게 먹어줘서 고맙다고 웃는다. 그러고는 가게를 내면 금세 망할 거라고 덧붙인다. 나는 지지 않고 내가 돈 많이 벌어서 다 팔아주겠다며 큰소리를 탕탕 친다. 곧바로 그곳에 있던 사람들이 와르르 한바탕 웃으며 이 대화가 끝난다.

내가 하도 맛있게 먹어서인지 요시사토 상은 내가 일본에 있는 동안에 몇 번이고 다양한 케이크를 구워서 주로 오후의 홍차 마시는 시간에 가지고 오곤 했다. 가까이 있을 때 되도록 많이 먹이고 싶은 그녀의 예쁜 마음일 것이다.

그녀의 케이크 중에서 내가 가장 좋아하는 것은 말차 시폰 케이크다. 다른 어떤 곳에서 먹었던 것보다 말차의 풍미가 강렬하고 케이크의 식감이 너무나도 부드러운 데다가 단맛도 과하지 않아서 좋아한다. 그래서 그녀에게 케이크 굽는 과정에 나를 한번쯤은 정식으로 참관시켜 달라고 요청했다.

햇살이 따사로웠던 어느 봄날의 아침, 여자 넷의 말차 타임이 끝난 뒤 요시사토 상이 "이따가 우리 집에서 점심 만들어 먹고 케이크도 만들고 그럴래?" 하고 말을 건넸다. 나의 대답은 이미 정해져 있었다. "당연하죠!" 그녀의 집에서 맛있는 홈메이드 돈가스 덮밥을 먹고 대망의 시폰 케이크를 굽기로 했다.

가장 먼저 밀가루를 고운 체에 내린다. 그래야 나중에 밀가루가 뭉치는 걸 방지할 수 있다. 다음엔 케이크에 넣을 설탕을 준비한다. 하얀 백설탕은 책에 나오는 레시피보다는 조금 적게

넣기로 했다.

다음은 말차를 준비하는 시간. 여기에 요시사토 상의 끝내주는 말차 시폰 케이크의 첫 번째 비밀이 있다. 최고급 말차를 아낌없이 사용하는 것이다. 차 한 통이 50g인데 무려 20g이 넘게 들어간다. 깜짝 놀라 이렇게나 많이 들어가느냐니까 웃으면서 맛있는 말차가 충분히 들어가지 않으면 맛있는 케이크가 만들어질 리 없다고 말하는 그녀.

다음은 달걀을 흰자와 노른자로 분리한 뒤 노른자에 생크림과 설탕을 넣고 저어주고 한편으로는 말차 가루를 물에 잘 개어준다. 그리고 노른자 혼합물에 바닐라빈과 카놀라유를 부어주고 섞은 뒤 말차 갠 것을 넣는다. 이들을 잘 섞은 뒤 달걀 흰자의 거품을 낸다. 이 모든 과정을 도와주는 것은 핸드믹서. 버튼만 누르면 정말 열심히 잘 움직여준다. 흰자가 곱게 부풀면 다음은 생크림 차례. 요시사토 상이 진중하게 이 과정에 임하기도 했고 핸드믹서 돌아가는 소리가 꽤 커서 별다른 대화는 오가지 않았다. 그런데 아무리 봐도 생크림이 충분히 만들어진 것 같은데 그녀가 멈추지를 않아서 무심결에 물어봤다.

"이제 그 정도면 충분하지 않아요?"

"아니, 아직. 충분해 보이지만 충분하지 않아. 그리고 이걸 그

완벽의 순간까지 해내지 않으면 케이크는 맛있게 구워지지 않아. 사람들이 시폰 케이크가 충분히 부풀지 않는다고 하거나 빽빽하다고 하는 것도 그것 때문이야. 다른 모든 것을 완벽하게 지켰지만 충분하게 저어주지 않은 거지. 멈춰서는 안 돼. 끝까지 해내야만 해."

나는 순간 멍해지고 말았다. 이것이야말로 그녀가 구워내는 케이크 맛의 비밀이었다. 그리고 아주 잠깐 요시사토 상이 마법사가 되어 내 귀에 속삭여준 삶의 비밀이기도 했다.

다시 앞치마를 두른 둥근 안경을 낀 요시사토 상으로 돌아온 그녀는 뭔가에 홀린 듯한 나에게 나머지 레시피를 전수했고 후다닥 반죽을 틀에 붓고 170℃로 예열된 오븐에 넣었다. 40분 뒤, 케이크가 완성됐고 우리는 진한 말차의 향기를 풍기는 야들야들 부드러운 시폰 케이크 한 조각에 남겨 두었던 말차 생크림을 얹었다. 독일에서 건너왔다는, 우아하고 고풍스러운 찻잔에 맛있는 프랑스 홍차까지 우려내고 나니 눈코입이 모두 즐거울 수밖에.

이번에 나는 서울에 케이크 가게를 내는 건 어떠느냐고 물었지만 역시 설득에 실패하고 말았다. 아무래도 그녀는 마법의

케이크를 오직 허락된 몇몇 사람에게만 접대할 모양이다. 아쉽
지만 내가 그들 중 하나라는 사실에 감사할 수밖에. 대신 나는
그날 그녀가 들려준 인생의 비밀을 절대 잃어버리지 않도록 끝
내주게 맛있는 요시사토 상의 초록색 말차 시폰 케이크와 함
께 꼭꼭 씹어서 내 뱃속 깊숙한 곳으로 잘 밀어 넣어 두었다.

모로칸 민트 티
Moroccan Mint Tea

별들도 탐내는 상쾌한 달콤함을 마시다

모로코Morocco, 셰프샤우엔Chefchouen

나에게 모로코는 처음으로 밟아본 아프리카 대륙이자 이슬람 문화권 국가였다. 익숙했던 스페인을 떠나 배를 타고 낯선 그곳에 도착하던 순간 얼마나 긴장했는지 모른다. 나는 혼자였고 많은 사람들이 마음의 준비를 단단히 하라고 경고했기 때문이다. 잔뜩 긴장한 탓인지 버스를 타고 산속의 푸른 마을 셰프샤우엔에 무사히 도착했을 땐 그저 감동의 도가니였다. 게다가 그곳은 너무 아름다웠다. 경고와 달리 '삐끼'의 시달림 없이 숙소를 잡고 좋은 친구들을 만나 예쁜 골목들을 함께 쏘다녔다. 친구들의 초대로 큰 파티에도 가볼 수 있었는데 이쪽 지역 대학생들의 파티란 그야말로 물 한 모금 없이 DJ가 틀어대는 큰 소리의 음악에 맞추어 열심히 춤추는 일이었다. 지금 생

각하면 이슬람에서는 알코올을 금하고 있으니 당연한 일이었
구나 싶어 마냥 웃지만, 당시에는 꽤 큰 문화충격이어서 숙소
로 돌아와서도 정신 못 차렸던 기억이 난다. 그땐 정말 모든 것
이 '첫 경험'이었으니까.

얼떨떨한 기분으로 잠에서 깨어나 눈부신 아침 햇살 아래서
아침 식사를 먹기로 했다. 곧 방금 짜낸 신선한 오렌지 주스와
조금은 꺼무죽죽해 보이는 생 민트 잎이 잔뜩 들어간 차가 기
다란 유리컵에 담겨 나왔다. 게다가 그 안에는 벌까지 들어 있
었으니! 말 안 해도 엄청 달 것이라는 예측이 가능했다. 우선
시원한 오렌지 주스부터 꿀꺽꿀꺽 마셔준 뒤 함께 나온 빵을
천천히 먹으면서 조심스럽게 민트티가 담긴 컵을 노려보았다.
혹시 아이스티일까 싶어 슬쩍 만져보니 뜨겁다. 손잡이도 없이

뜨거운 차를 어떻게 마시라고 이렇게 내오는 것이냐며 투덜투덜. 컵 안에선 벌이 붕붕거리며 나보다 먼저 차를 마시는 중이니 보나 마나 엄청 달 텐데 취향을 존중해서 설탕을 넣을지 말지 먼저 물어봤어야 하는 것 아니냐며 투덜투덜.

혹시라도 쏘일까봐 일단은 벌이 떠나기를 기다리기로 했다. 하지만 한참이 지나도 가질 않아 용기를 내어 손으로 벌을 쫓아냈다. 그리고 조심스레 컵에 입을 가져갔다. 머리를 한 대 맞은 것 같은 충격적인 맛이었다. 평소 마시던 민트티와는 전혀 달랐다. 엄청나게 달 뿐만 아니라 다른 무언가 깊은 맛이 있었다. 처음에는 과연 이 큰 컵을 비울 수 있을지 의심스러웠지만 깊은 맛의 정체를 밝혀내겠다며 계속 마시다 보니 차는 온데간데없고 유리컵에는 시들시들한 민트잎만 남았다. 반면, 컵 속에 담겨 있던 민트의 기운이 내게 고스란히 들어오기라도 한 듯 입안은 민트의 여운으로 개운했다. 흠, 나쁘지만은 않은데? 이거 다음에도 또 마셔봐야겠군.

나는 그렇게 모로칸 민트티와 만났다.

모로코 Morocco, 사하라 호텔 Hotel in Sahara

#2

　낙타를 타고 사막에 다녀온 다음 날이었을 것이다. 샤워로 사막의 먼지를 씻어내고 침대에 우두커니 앉아 왼쪽 팔부터 다리까지 처참하게 푸른 멍으로 뒤덮인 모습을 바라보았다. 갑자기 눈물이 쏟아졌다. 기억은 자연스럽게 낙타에서 떨어지던 순간으로 돌아갔다.

왜인지는 모르겠으나 나를 태운 낙타는 제 손님이 마음에 들지 않는다는 듯 멋대로 주저앉기를 반복했다. 내가 난생처음 낙타를 타고 긴 시간 사막의 어느 구석을 가로지른다는 두려움을 느낀다는 걸 녀석이 알았기 때문인지, 그냥 내가 싫은 것인지, 아니면 단순히 안장이 잘못 놓였던 것인지는 모르겠다. 어쨌든 불만에 가득 찬 낙타가 세 번째로 주저앉는 순간 나는 사막으로 내동댕이쳐졌다. 아주 짧은 시간 동안 여러 생각이 머릿속을 스쳐 지나갔다. 그러다 마침내 모랫바닥에 몸이 부딪치자 여행자 보험 따윈 들 생각도 안 했던 내게 떠오른 생각은 단 하나였다.

'젠장, 여비도 넉넉하지 않은데 제발 어디 부러진 곳만은 없기를….'

벌떡 일어나 몸의 마디마디를 움직이며 부상 여부를 가늠했다. 병원에 가지 않아도 되겠다는 확신이 들고 나서야 서러움이 몰려왔다. 하지만 전 세계에서 찾아온 관광객들과 사막에서 낙타를 모는 짓궂은 가이드들에게 눈물을 보이고 싶지 않아 꾹 참았다. 그때 참았던 눈물이 이제야 터진 것이다.

한참을 혼자서 청승맞게 울다가 수영이라도 하며 기분을 전환해야겠다 싶어 옷을 갈아입고 나왔다. 밤이면 사막의 전통 악기를 연주하던 하싼이 나를 불러 세웠다.

"괜찮아? 너 어제 낙타에서 떨어지고는 한참 걸었다면서."

"소문 참 빠르다. 좀 걸었지. 다시 그 망할 낙타에 올라탈 수는 없었으니까."

"힘들었겠다. 덥기도 했을 텐데. 어디 다친 곳은 없고? 멀쩡히 걸을 수 있으니 얼마나 다행이니. 낙타에서 잘못 떨어져 골반 나간 여행자도 있었어. 그나저나 얼굴은 왜 그 모양이야, 울기라도 한 사람처럼."

"그냥 멍이 좀 들었을 뿐이야. 울긴 누가 울어. 어제 사막에서 잠을 설쳐서 그래. 이상한 소리나 늘어놓을 거면 비켜. 나 수영장에서 좀 놀다가 낮잠 잘 거야."

"알았어. 하지만 그 전에 나랑 차나 한 잔 마시자."

하싼은 기다란 의자 위에 쿠션이 여기저기 널린 호텔 응접실로 나를 데려가 앉혀놓고는 어디론가 사라졌다. 조금 뒤 머리가 뾰족한 전통 모양의 금속 티포트와 신선한 민트 한 줄기가 들어간 아담한 유리잔을 들고 나타났다. 자리를 잡고 앉아 조금 기다리는 듯하더니 포트를 높이 들었다가 낮추었다가를 반복하며 잔 안에 민트티를 부었다. 나는 제법 능숙하게 잔을 들고 입으로 가져갔지만 사막의 열기가 더해진 민트티는 혓바

닥을 데일 만큼 뜨거웠다.

"앗, 뜨거!"

"조심해. 천천히 마셔야지. 잘은 모르지만 네가 지금 그런 상
태로 차가운 수영장에 뛰어들면 정말 몸이 아프게 될지도 몰
라. 그러니까 일단은 나와 차 마시면서 마음부터 준비해. 그리
고 나중에 물에 들어갈 때도 천천히 들어가. 알았지?"

우리는 나란히 쿠션에 늘어져 한동안 조용히 차의 열기가
알맞게 식을 때까지 기다렸다. 하싼이 차를 마시기 시작하자
나도 따라서 마셨다. 민트티는 여전히 뜨겁고 엄청나게 달콤한
동시에 시원했다. 첫 번째 잔이 비워질 즈음 눈물로도 씻어내
지 못했던 마음속 슬픔이 위로받은 기분이 되었다. 하싼이 두
번째 잔을 채워주었고 적당히 식을 때까지 기다리는 동안 나
는 그에게 전날의 일에 대해 털어놓기 시작했다. 말을 많이 해
서 목이 마르면 달콤한 민트티를 마셨다. 생각보다 나의 이야기
는 길어졌지만 내 이야기에 귀 기울이는 사막의 남자는 개의치
않는 것 같았다. 잔이 빌 때마다 달콤하고 상큼한 차를 묵묵히
채워주기만 할 뿐. 그렇게 사막에서의 내 이야기가 끝날 즈음
마음에는 민트의 상쾌함만 남았다.

고마워, 하싼.

모로칸 민트티를 마시기 위해 준비할 것은 생각보다 간단하다.

1. 민트
바로 딴 신선한 민트를 듬뿍 사용하는 것이 가장 이상적이지만
구하기 힘들다면 건조된 민트를 사용해도 무방하다.
페퍼민트, 스피어민트 둘 다 좋다.

2. 녹차
처음 모로칸 민트티를 마셨을 때 느낀 깊은 맛의 정체는 바로 녹차였다.
우전 같은 고급 녹차를 사용한다면 굉장히 부드러운 맛을 즐길 수 있지만
대개는 저렴한 녹차를 사용하는 편이다.

3. 설탕
취향에 따라서 넣는 양을 조절할 수 있다.
단 것을 싫어한다면 생략해도 괜찮다. 하지만 모로코나 튀니지 등
북아프리카 쪽에서는 설탕을 듬뿍 넣어서 마신다.

맛있는 모로칸 민트티 만들기

건조된 민트와 녹차를 섞어서 만든다면 비율은 반반이
나 민트를 조금 더 많이 넣는 것이 적당하다. 보통 차
를 우리듯 예열한 찻주전자에 잘 섞은 차를 넣고 취향
에 따라 농도를 조절해서 우린 뒤 마시면 된다.

1. 생 민트를 사용할 경우에는 먼저 녹차를 끓인 물에
3~5분 정도 진하게 우려내고 여기에
생 민트를 듬뿍 넣어 우려내면 된다.

2. 혹은 모든 재료를 넣고 팔팔 끓인 뒤
원한다면 설탕으로 마무리하는 것도 하나의 방법.

tip ——▶ 모로코에서는 몇 차례 찻물을 비웠다가 부었다가를 반복한다고 하
지만 정설은 아니다. 취향대로 편한 방법을 선택하면 된다. 어쨌거나 생 민트를
듬뿍 사용하는 것이 포인트.
더운 여름엔 차가운 아이스티로 만들어 마셔도 좋다.

용정차

Longjing Tea

통통하고 부드러운 연둣빛 향기를 마시는 시간

상하이에서 아침 일찍부터 기차를 타고 항저우라는 도시로 향했다. 역에서 아침 대신 급히 밀어 넣은 고기만두가 위장 속에서 몸부림쳐댔다. 숙소를 나서기 전에 텀블러에 우려 온 보이차를 마시며 속이 다스려지길 바랐다. 기차의 속도로 지나치는 창밖의 풍경은 연둣빛이다. 봄이 한창이었으니까.

세상의 모든 생명이 움트는 봄은 녹차의 계절이다. 녹차라고 하면 그저 티백에 담겨 종이컵에 우려 마시는 현미녹차를 떠올리기 쉽지만 세상에는 참으로 많은 녹차의 종류가 있다는 사실을 아는지! 상하이에서 기차를 타고 한 시간 정도 달리면 도착하는 항저우는 많고 많은 녹차 중에서도 1200년에 가까운 기나긴 역사를 자랑하는 용정차龍井茶를 생산하는 곳이다.

용정차는 여린 새순만을 채취해 납작하게 눌러 살청殺青(찻잎

51

을 가열해 산화효소의 활성을 파괴하는 것)하는데 고운 연둣빛이야 둘째로 치더라도 모양이 둥글고 귀여워서 사랑스럽다. 맛 또한 구수하고 향기로워 우리나라 사람들의 취향에도 잘 맞는다.

전날 구하고 싶은 다구와 차가 있어 나갔던 차 시장은 온통 햇용정차의 입고로 분주했다. 그 모습을 보고 있자니 산지 가까이에, 그것도 계절을 제대로 만났으니 차밭 구경이나 하고 가자는 생각에 충동적으로 기차에 몸을 실은 셈이다. 굳이 차밭이 아니더라도 항저우에는 서동파가 30만 명을 동원해서 인공으로 조성한 바다 같은 호수인 서호도 있으니 둘 중 뭐 하나라도 보고 싶었다. 언젠가 베이징에 갔을 때 이화원에 조성된 인공 호수를 보고도 깜짝 놀랐는데 서호는 규모부터 다를 것 같았다. 보이차가 위장을 잘 달래는 동안 기차가 항저우 역에 도착했다.

차밭은 생각보다 멀었다. 상해에서 기차를 타고 온 만큼 다시 차를 타고 들어가야 용정차 생산지를 만날 수 있었다. 택시에서 내린 곳은 어느 마을 입구였는데 관광객의 발자취를 감지한 상인들이 목소리를 높여 부르짖는 호객행위가 치열했다. 그들의 유혹(?)에 굴하지 않고 묵묵히 걸어가니 시야가 트이고 차밭이 보이기 시작했다. 산비탈이 층층이 녹차로 채워진 모습

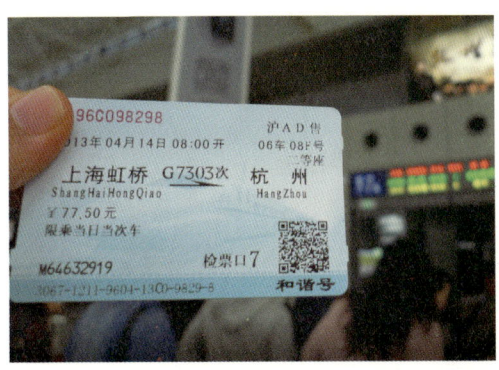

이 인상적이었다. 차나무가 같은 높이로 윗부분이 잘린 걸 보니 이미 기계로 수확을 마친 듯했다. 2월부터 수확을 시작한다고 하니 어쩌면 이미 몇 번이고 채엽 과정을 거쳤을지도 모르겠다는 생각이 들었다. 조금 더 차밭을 거닐며 둘러보니 손으로 직접 채엽하는 일꾼들이 보였다. 다들 통풍이 잘될 것 같은 커다란 대바구니를 하나씩 매고 있었다. 4월이었음에도 워낙 태양이 뜨거워 넓은 삿갓 같은 모자를 썼는데 그 아래 얼굴이 얼마나 검게 그을렸던지 오랜 시간 태양에 노출되었음을 멀리서도 알아챌 수 있었다.

정처 없이 흘러가던 내 발걸음이 멈춘 곳은 구룡정九龍井과 어차수御茶樹를 구경할 수 있도록 조성된 공원이었다. 입장권을 사야 들어갈 수 있는 곳이었는데 한국인 관광객도 많은지 안내판에 친절히 한국어도 적혀 있었다. 거창한 기둥이 인상적인 입구를 지나 정겹게 꾸며진 돌길을 따라가면 열여덟 그루의 어차수가 등장한다. 어차수란 옛날부터 황제에게만 바치는 차를 생산하는 차나무를 말하는데 이곳의 어차수는 청나라 건륭제 乾隆帝(1735~1795)가 지정했다고 한다.

차 맛이 얼마나 좋기에 황제에게만 바칠까 궁금했지만 바람이 들려준 '카더라' 통신에 의하면 어차수에서 생산된 용정차의 경매가는 수억 원을 호가한다고. 세상에! 그렇다면 아무리 작은 잔의 한 모금이라도 최소 수십만 원은 나간다는 이야기인데…. 나 같은 가난뱅이 여행자는 근처에서 냄새만 맡아도 값을 내라고 할까 무서우니 그저 사진이나 열심히 찍어댈 뿐.

반짝이는 햇살이 초록 그늘 사이로 살랑거리는 길을 따라 조금 더 깊숙이 들어가면 구룡정이 나온다. 그냥 자그마한 샘인 것 같은데 도대체 뭐가 그렇게 이곳을 유명하게 만드는 것일까. 이 샘은 단물을 퐁퐁 뿜어내는 것으로 당나라 시대부터 유명한 곳이다. 이 샘을 발견한 사람은 차의 경전이라 일컬어지는 〈다경 茶經〉의 저자이자 중국차의 아버지로 이름이 드높은 육우다. 그는 일찍이 차를 준비할 때 물이 중요하다는 사실을

간파하고 이곳의 수질을 높이 샀고 그 유명세가 현대까지 이어졌다고 한다.

위장이 슬슬 점심을 달라고 보채기 시작했다. 공원을 빠져나와 마을로 향했다. 농가에서 직접 만든 음식을 맛볼 수 있는 곳들이 연달아 있었다. 아까부터 모녀가 협동해서 맛있게 한 상 차려주겠다던 곳에 자리를 잡았다. 꽤 규모가 컸는데 10대로 보이는 아이들부터 큰 소리로 말해야 겨우 알아듣고 천천히 움직이다가 다시 큰 소리로 대답하는 할아버지까지 그야말로 온 가족이 동원되어 분주히 장사에 여념 없는 모습이 인상적이었다. 주인아주머니는 누군가 생선 요리를 주문했는지 어디 근처에서 막 잡아 올린 것 같은 커다란 물고기의 아가미에 손가락을 걸고 재빨리 부엌으로 이동 중이었다. 겨우 주문을 마친 나는 야외 그늘에 마련된 자리에 한가로이 앉아 오는 길에 만난 과일장수에게서 산 오디를 우물거리며 음식을 기다렸다.

산지에 왔으니 마셔보자며 주문한 용정차가 먼저 나왔다. 어차수에서 난 차 맛만큼은 아니어도 근처에서 만들어진 차니까 맛있을 것 같았다. 유리컵 아래 가만히 누워 있던 찻잎들이 뜨거운 물을 부으니 일제히 떠올랐다. 언제 봐도 느끼는 거지만

둥글고 오동통한 모습이 정말 귀여웠다. 찻잎이 다 가라앉을 때까지 기다리며 오가는 사람들을 구경했다.

갑자기 시끌시끌한 쪽을 바라보니 채엽하던 일꾼들도 점심들 먹으러 가는지 대바구니를 하나씩 끼고 머리 위에는 삿갓 같은 모자를 쓰고 줄지어 지나간다. 사진을 찍어도 되느냐는 시늉을 하니 저마다 한마디씩 하더니 다 함께 까르르 웃었다.

"햇볕에 그을어 시꺼멓게 타고 이제는 쭈글쭈글한 얼굴은 찍어서 뭐하게?"

분명 이렇게 말했을 것 같아서 나도 지지 않고 엄지를 추켜세우고는 주위들은 중국어로 외쳤다.

"피아오량(예뻐요)! 흥 피아오량(아주 예뻐요)!"

예쁘다는 말을 마다할 여인이 있을까, 다들 또다시 한바탕 웃어젖히더니 나의 촬영 제안을 흔쾌히 승낙했다. 화기애애하게 사진을 찍고 돌아와 보니 찻잎이 모두 차분하게 가라앉아 있었고 차의 색깔도 연둣빛을 띠었다. 이제 마셔도 된다는 뜻. 뜨거운 유리잔을 조심스럽게 붙잡고 후후 불어가며 한 모금을 마셨다.

'어우, 써!'

첫 모금은 정신이 번쩍 들 정도로 썼다. 찻잎을 너무 오랫동안 우렀나 보다. 물을 좀 더 부어 희석하고 싶었지만 처음부터 너무 많이 부어서 그럴 수가 없었다. 다시 숨을 가다듬고 두 번째 모금을 머금었다. 여전히 썼지만 구수한 맛과 향기로움이 감돌았다. 꿀꺽 삼킨 뒤에는 미세한 달콤함마저 느껴졌다. 그렇게 몇 모금 더 즐긴 뒤 아무래도 내 입맛에는 너무 써서 물을 더 부었다. 희석된 그 맛이 내 취향에는 맞았다.

첫 잔을 비울 즈음 주문했던 음식이 나왔다. 먹음직스럽게 볶아진 채소와 잘 버무려진 고기에 정신없이 젓가락을 꽂았다. 바쁜 가운데에도 음식을 놓아줄 때는 미소를 띠며 맛있게 먹으라며 한마디 남겨주는 넉넉한 아낙의 친절 같은 것을 기대해선 안 된다. 오히려 퉁명스럽게 툭 던져놓고 가는 것을 당연하게 생각하는 것이 정신 건강을 위해서 좋다.

이제 천천히 음식을 음미한다. 다른 음식점에서 먹었던 것보다 확실히 담백한 느낌. 느끼할 즈음이면 차를 홀짝였다. 입안의 맛들은 그렇게 균형을 이뤘다. 서호에는 아직 가보지도 못했는데 오후 햇살은 자꾸만 길어지려 하고 있었다.

용정차는 중국 10대 명차 중 하나로 절강성浙江省의 항저우 부근에 있는 지역에서 생산되는 차다. 이름은 근처의 용정사라는 사찰에서 따왔다. 비슷한 지역이지만 생산되는 구획에 따라서 사봉용정獅峯龍井, 매오용정梅塢龍井, 서호용정西湖龍井으로 구분되는데 그중에서 서호용정이 가장 품질이 좋은 것으로 평가받고 있다. 눌린 모양이 일정하고 어린잎일수록, 선명한 연둣빛일수록 우려냈을 때 맛있는 차가 될 것이라 기대할 수 있다.

Tea Time __

맛있는 용정차 만들기

기본은 물론 1년 이내의 신선한 용정차를 준비하는 것.
그리고 우러나는 것이 눈에 보이도록 유리로 된 다구를
준비한다. 중국에서는 흔히 일반 유리컵에도 우려서 마시지만 그런 경
우 농도를 마음대로 조절하기 쉽지 않음(잎이 가라앉을 때까지 기다리면
너무 진해지는 경우가 많음)을 참고할 것.

1. 물은 팔팔 끓인 뒤 잠시 식힌 뒤에 사용하는 것이 바람직하다.

2. 어디에 우리든 대개는 물을 부으면 찻잎이
물 위로 세로로 뜨는 모습을 볼 수 있다.
찻잎이 가라앉으면 마시는 것이 일반적이나 진한
녹차의 쓴맛이 부담스럽다면 취향에 맞춰 농도를 조절해서 마신다.

얼그레이
Earl Grey

백작의 이름을 기억하다

트와이닝스 Twinings

얼그레이를 처음 만난 건 영국에서였다고 기억한다. 친구의 할머니 할아버지 댁에서 다른 친구네 놀러 가서, 신세 지며 머물던 친구의 찬장에서 꺼내어 마시던 것 모두 그것이었다. 검은색 상자에 근엄한 남자가 박힌 홍차 상자 말이다. 강렬한 향기가 나서 더 좋았던 기억이 난다. 나는 늘 홍차 반, 우유 반의 비율을 유지해서 마셨다. 초보 시절에는 설탕이나 꿀도 넣어서 달게 마셨다. 좋아하는 쿠키나 케이크를 곁들일 수 있을 때는 얼마나 행복했던지!

시간이 지나면서 그 검은색 상자가 트와이닝스라는 것, 그 브랜드에서 다른 맛의 다양한 차들이 형형색색의 포장에 담겨 나온다는 사실을 알게 되었다. 내가 주로 마셨던 홍차가 얼그레이라는 이름을 가졌음은 물론 트와이닝스 말고도 수많은 브

랜드에서 얼그레이를 출시한다는 것도.

이후 차에 대한 열정과 애정이 늘어갈수록 정말 다양한 종류의 차를 마셔보았지만 여전히 얼그레이, 특히 트와이닝스에서 나온 얼그레이는 늘 좋아하는 차 상위권을 차지하고 있다.

조지아 Georgia

꾸물거리는 날씨 탓인지 이불 속에서 한없이 게을러지고 있었다. 7개월, 영원할 것만 같았던 시간이 끝나가고 있었다. 길 위에서 몇 년을 보내는 여행자도 있지만 나는 길 위에서 7개월을 보낸 적이 처음이었다. 게다가 어쩌면 이번이 마지막일지도 모르겠다는 비장한 마음도 있었다.

내가 있었던 곳은 한때 그루지아라고 불렸던 나라 조지아로 터키, 아르메니아, 아제르바이잔 같은 이웃 나라를 가졌다. 내게는 7개월 여행의 마지막 방문국이기도 했다. 3주 가까이 되는 시간을 그곳에서 보내기로 하고 바투미Batumi라는 도시에 도착했던 것이 어제 같은데 이미 마지막 주를 맞이하고 있었다. 한 나라에서의 여행을 마친다는 의미뿐만 아니라 길 위에서 보낸 내 나름의 긴 여정을 마치고 집으로 돌아갈 시간을 앞둔 시점이라서 만감이 교차했다.

하지만 마음과 달리 몸은 한없이 게을러져 점차 침대 깊숙이 꺼져 들어가는 것만 같았다. 가까스로 몸을 침대 늪에서 건져내 밖으로 나왔다. 그저 발걸음이 향하는 대로 무조건 걸었다. 자주 걷던 길이었지만 그날따라 더 애틋하게 느껴졌던 것은 잔뜩 흐린 하늘과 생각으로 가득한 내 머릿속 사정 때문이었으리라. 쌩쌩 부는 바람을 조금이라도 막아보겠다고 행인 모두 코트 깃을 세우고 걸어가는데 엎친 데 덮친 격으로 바람에 빗방울마저 섞여서 불어왔다.

비 맞는 것을 지독히 싫어하는 나는 며칠 전에 꼭 들러보겠다며 '찜해둔' 카페를 찾아 거리를 헤맸지만 쉽지 않았다. 빗방울은 점차 굵어졌고 하늘마저 나를 도와주지 않는 것 같아 마음이 상할 지경이었지만 그래도 다른 곳에 가고 싶지 않았다. 반드시 그 카페여야만 했다.

'맞아, 저 놀이터! 분명 이 근처였는데…. 그래, 저 모퉁이를 돌면 나왔던 것 같아.'

이제 거의 다 온 듯했다. 바람마저 거세지고 있었지만 견딜 만했다. 짧은 다리로 최선을 다해 열심히 걸었다. 마침내 모퉁이를 도는 순간, 검은 옷을 입은 사람들의 행렬과 맞닥뜨렸다. 그들의 얼굴은 유난히 창백했고 한없이 침울했다.

'무슨 장례행렬도 아니고….'

생각을 떠올리기가 무섭게 건너편의 골목에서 관을 어깨에 떠멘 남자들이 나타났다. 이방인의 눈에는 관 뚜껑이 없다는 사실이 무엇보다 충격적이었다. 그들은 망자를 관에 넣고 뚜껑을 덮지 않은 채 운구하고 있었다.

이미 내 두 발은 거리의 한 귀퉁이에 고정된 지 오래였다. 곡소리도 동요하는 사람도 없었다. 모두 묵묵히 행렬을 따랐다. 아주 자그맣게 빗소리만 들릴 뿐. 카메라를 꺼낼 생각도 못 하

고 사람들이 다 지나갈 때까지 가만히 서서 망자의 명복을 빌어주었다.

그렇게 한차례의 흑백영화 같았던 순간이 지나자 다시 비를 맞으며 서 있는 처량한 이방인이 되었다. 흠뻑 젖고 싶지는 않아 급해진 마음으로 두리번거렸더니 몇 걸음 떨어진 곳에 그렇게 찾아 헤매던 카페가 있었다. 늘 쭈뼛거리며 지나치기만 했지만 이번에는 문을 열고 들어갔다. 마음에 드는 자리에 앉아 메뉴판에서 얼그레이를 발견하고 망설임 없이 시켰다.

하얀 티포트와 잔이 내 앞에 놓였다. 차가 우러났으니 포트를 기울여 잔으로 차를 붓는 순간 계속 비바람에 시달렸던 몸과 망자에 대한 애도로 조금은 위축됐던 마음이 위로받는 기분이 들었다. 한 모금 마시는데 부드러운 향과 느낌이 마음에 들어 카페 주인에게 어느 브랜드냐고 물으니 이 나라 브랜드라고 했다. 조지아에서 차도 생산하느냐는 물음에 꽤 맛있는 홍차로 아는 사람만 안다며 슬쩍 윙크를 날려주었다.

뜨거운 물을 더 달라고 부탁했더니 맘씨 좋은 주인아저씨는 그냥 일반 차도 마셔보라며 머그잔에 내왔다. 그 찻잎에 베르가못Bergamot 향을 입힌 것이 내가 방금 마셨던 얼그레이라고 했다. 오리지널이라는 차의 맛을 보니 마치 다르질링Darjeeling을 마시는 것 같았다. 부드럽고 상큼한 향이 이미 베이스로 자리하고 있었던 것. 거기에 베르가못을 입혔으니 한층 더 맛있는 차가 만들어질 수 있었던 것이라고 본다.

역시 찻잎을 한 번만 우린다는 건 아쉬운 일이라 티포트에 뜨거운 물을 리필했다. 이어폰을 꽂은 뒤 내가 듣고 싶은 음악을 틀고는 일기장을 펼치고 그간의 일들을 정리했다. 꽤 오래도록 이어진 글쓰기 시간 덕분에 가벼워진 머리를 들어 보니 비가 그쳐 있었다. 햇살이 젖은 트빌리시Tbilisi의 거리 위로 쏟아져 내렸다. 나는 잔을 비우고 산책을 위해 눈부시게 빛나는 도시로 걸어나갔다.

Tea Story __

얼그레이의 시작을 이야기하기 위해서는 시간을 거슬러 올라가야 한다. 서양으로 전파된 홍차의 기원은 중국 푸젠성 무이산에 있는 동목촌에서 생산되는 랍상소우총Lapsang Souchong 혹은 정산소종正山小種이라고 보는 것이 일반적이다.

워낙 인기가 높았던 이 홍차의 몸값은 원하는 사람들이 많은 만큼 올라갔다. 고급 홍차로 이름이 드높아지는 시점에 이를 선물 받아 마셔 본 영국의 외교사절 그레이 백작은 랍상소우총의 생산량이 워낙 적은 데다 가격이 높아 구하기 힘들다는 것을 알고 이와 비슷한 홍차를 만들려고 시도했다. 그 과정에서 베르가못 향이 입혀져 새로운 홍차를 만들었는데 맛이 나쁘지 않자 자신의 이름을 붙였고 얼그레이가 탄생했다.

두 홍차의 맛을 아는 지금에 와서는 도대체 어떻게 랍상소우총 특유의 훈연향이 얼그레이의 베르가못 향과 비슷하다는 생각으로 이어졌는

지 이해가 가지 않았다. 더 조사해보니 당시 랍상소우총이 용안이라는 과일의 향을 착향한다는 잘못된 정보가 알려졌다고 한다. 이를 접수한 그레이 백작이 사람을 시켜 비슷하게 만들라고 한 것이 용안과 비슷하게 생긴 감귤류의 일종인 베르가못으로 발탁된 것. 잘못된 정보였지만 결과적으로 맛있는 홍차가 탄생했으니 이 귀여운 착오에 대해 감사할 뿐이다.

　그레이 백작이 이 일을 시킨 사람 중 하나가 검은색 상자에 근엄하게 박힌 토머스 트와이닝 아저씨(혹은 로버트 잭슨)라고 하니 내 첫 얼그레이가 트와이닝스였던 것은 아주 바람직한 일이었다.

Tea Time ＿

맛있는 얼그레이 만들기

얼그레이를 마시는 방법은 다른 차를 마시는 방법과 같다.
티포트를 예열한 뒤 취향에 맞게 우려주면 된다.
다만 얼그레이는 다양한 브랜드에 따라서
맛이 조금씩 다를 수 있다.
어떤 찻잎을 베이스로 사용했는지 혹은
어느 정도 가향이 됐는지 혹은 추가로
가향된 것이 있는지 등이 결정한다. 가장 좋은 방법은
다양하게 선택해서 마셔본 뒤 자신에게
가장 맛있는 브랜드를 결정하는 것.

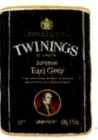

커피와 나

Coffee

금단의 열매는 달콤하다

어렸을 때부터 커피는 내게 동경의 음료였다. 어른들은 그 신비의 음료를 관능적으로 홀짝였고 검은 물에 하얀 가루가 섞여드는 모습을 바라보는 건 황홀경 그 자체였다. 대개는 커피의 검은 알갱이 다음에 하얀 프림 가루를, 마지막으로 달콤한 맛을 내는 설탕이 들어갔다. 운이 좋으면 커피를 생략한 희멀건 음료를 얻어 마실 수 있었는데 그땐 그게 분말 우유를 뜨끈하게 타 마시는 것이라고 믿었다. 게다가 설탕이 들어갔으니 얼마나 맛있었겠는가! 집에 손님이 오면 으레 등장하는 커피가 만들어질 때면 나는 늘 약간의 기대를 갖고 세 개의 병 앞에서 작은 스푼을 들고 예쁜 컵 안을 휘젓는 엄마 근처에서 얼쩡거리고는 했다.

아마도 내가 커피라는 음료에 환상을 갖게 된 건 이것이 '어른들의 음료'였기 때문이리라. 그러나 엄마를 포함한 수많은 어른들은 각종 무서운 단서를 붙여가며 커피로 접근하려는 나의 시도를 막았다.

"너 이거 어린애들이 마시면 얼굴이 새카매진다. 머리 나빠져서 만날 꼴등만 하고 키도 안 자라. 그러니까 어른 되면 마셔."

그 모든 협박도 강렬한 커피의 유혹을 막지 못 했다. 나는 엄마가 커피를 마실 때면 끈질기게 주변을 맴돌았다. 어느 날 엄마는 비장한 얼굴로 호기심 많은 딸에게 마법의 음료를 맛 보게 했다.

"웩, 써!"

나는 한 모금도 마시지 못하고 입안의 액체를 뱉어냈다. 엄마는 그런 나를 보며 재미있다는 듯 미소 짓더니 아무렇지도 않게 내가 마시던 커피를 가져가 맛있게 마셨더랬다.

"어떻게 그런 걸 마셔?"

"말했잖니, 어른이 되면 마실 수 있다고. 그러니까 그때까지 기다려."

그날 커피에 관한 트라우마가 생겼는지는 모르겠지만 커피에 대한 환상은 깔끔하게 사라졌다. 학교에 들어가고 친구들이 매점에서 삼각형 비닐팩에 든 커피 우유에 빨대를 꽂아 쭉쭉 마셔댔지만 그 맛이 궁금하지도 않았다. 시험 때면 친구들은 캔커피를 마시며 벼락치기를 했지만 그 또한 내겐 상관없는 이야기였다. 그나마 드물게 씹는 커피 맛 껌이라든지 더운 여름이면 반을 잘라 먹는 아이스캔디 정도가 내가 섭취한 커피의 전부였다. 엄마가 처음 커피를 맛보여주던 날 혹시라도 내가 좋아하게 될까 봐 설탕을 타지 않았다는 사실을 안 지 오래였지만 나는 고집스럽게 어른이 될 때까지 기다렸다.

마침내 커피를 마실 수 있는 어른이 되었지만 막상 마시고 싶은 마음이 일지 않았다. 우유와 설탕을 듬뿍 투척한 홍차나 달콤한 주스, 정신을 알딸딸하게 흔드는 술을 마시면 마셨지

커피를 마시지는 않았던 것. 그러다 언젠가 몹시 추웠던 겨울 날 누군가 내 손에 쥐여준 캔커피를 마음이 고마워서 마셨다가 화장실을 들락거리며 고생한 이후로는 커피와 거의 인연을 끊다시피 하고 살았다.

그럼에도 커피의 매혹적인 향기는 자주 나의 오감을 건드렸다. 그리하여 1년에 한두 번은 꼭 그 유혹에 굴복했다. 배를 움켜쥐고 화장실로 달려가든, 눈을 말똥말똥 뜬 채 서너 시까지 잠 못 들든, 심장이 몸 밖으로 튀어나올까 두려울 정도로 뛰어 대든, 반드시 극단적인 증상이 찾아오기 마련이지만 어쩔 수 없다. 원두를 볶거나 커피를 추출할 때 풍기는 향기가 마시고 싶다는 열망을 자극하기 때문이다. 그리고 내 몸이 두뇌와 상의하지 않은 채 멋대로 원칙을 깨고 그 액체를 마시기 시작하는 순간, 잔이 비워질 때까지 나는 씁쓸한 커피의 맛 이면에 존재하는 달콤함을 맛본다. 금단의 열매는 달콤하다는 말에 강력하게 고개를 끄덕이면서….

커피와 함께했던 시간들 __

다른 나라에서 마셨던 커피의 이모저모

1. 일본 Japan

우리보다 좀 더 다양한 방식으로 마신다.
내 마음을 사로잡았던 것은 단팥을 곁들여 마시는 커피.
마셔 보니 단팥의 달콤함과 커피의 쓸쓸함이
잘 어우러지는데다가 씹히는 맛이 있어
더 즐겁게 마실 수 있었다. 연하게 내린 원두커피에 단팥 혹은
단팥과 크림을 따로 내서 취향에 맞게 마실 수 있다.
일본 카페 메뉴에 단팥 커피가 있다면
한번쯤 도전해 보시길.

2. 터키 Turkey

터키의 커피는 걸쭉하다. 커피 원두를 곱게 갈아서
소량의 물을 넣어 끓인 뒤 마시기 때문이란다.
따라서 설탕을 넣는 것은 거의 필수사항이다.
흥미로운 것은 커피를 다 마시고 소서Saucer에
잔을 뒤집어놓고 질문을 생각하면서 소서와 잔을
머리 위로 휘휘 세 번 돌린 뒤 다시 뒤집어서 형성된
찌꺼기 모양으로 점을 치기도 한다는 것.
커피로 운세를 읽을 줄 아는 터키 친구와 함께라면
한바탕 웃으며 흥미로운 점괘를 들을 수 있다.

3. 베트남 Vietnam

커피 생산량이나 시장 점유에서 꽤 큰 위치를 차지한다.
실제로 어디를 가도 작은 플라스틱 테이블에 커피를 놓고
신문을 보거나 수다 삼매경에 빠진 사람들을 볼 수 있다.
베트남의 커피 만드는 법은 꽤 독특한데 우선 잔에
연유를 부어둔다.여기에 핀이라는 드리퍼 같은 것을 올려
뜨거운 물을 부어 커피를 내리면 완성.
더운 여름에는 차갑게 얼음을 듬뿍 넣어 마신다.
달콤하면서 부드럽고 맛있다. 한국의 지인들에게
그곳에서 유명한 다람쥐 커피를 선물하니
다들 환영하더라는.

4. 이탈리아 Italia

이탈리아 하면 생각나는 것은 에스프레소와 카푸치노.
나도 처음엔 로마의 한 카페에 홀리듯 들어가 남들 다 시키는 에스프레소에
설탕을 들이붓다시피 해서 휘휘 저어(원래 가라앉힌 뒤 막판에 달게 마시는 것) 마셨다.
두 번째엔 이탈리아에 왔으니 카푸치노 한 잔 정도는 마시자는
기분이 들어 포로 로마노Foro Romano 옆의 한 카페에서
몽실한 거품이 얹어진 카푸치노를 마셨다.
친구는 연하다고 불평했지만 내겐 딱 좋았다.
하지만 호텔로 돌아가는 버스에서 갑자기 숨쉬기가
힘들어지고 얼굴이 붉어지는 등 말로만 듣던 호흡곤란이 찾아왔다.
그 뒤로 족히 2년 동안 커피는 입에도 대지 않았다.

랍상소우총
Lapsang Souchong

소나무 훈연의 향을 마시는 홍차

차를 즐기게 되면서 어쩔 수 없이(?) 차에 대한 모든 것을 눈여겨보게 되었다. 책일 수도 있고 박물관에 전시된 티포트일 수도, 영화나 드라마에 등장하는 소품일 수도 있다. 블로그 이웃 목록에 차 마시는 이야기를 포스팅하는 블로거들이 늘어났다. 그렇게 이곳저곳을 기웃거리며 궁금증을 가지게 된 차가 있으니 바로 랍상소우총이다.

다들 하늘이 회색으로 잔뜩 찌푸린 날이나 비가 내리는 날 마시면 그렇게 잘 어울리는 궁합이 없다고들 극찬했다. 반면 싫어하는 사람들은 엄청 싫어하는 호불호가 갈리는 차이기도 했다. 훈연 향이 일품이라고도 했는데 평소 '숯불구이'라든지 '훈제'라든지 '스모크'라는 수식어가 붙는 음식을 좋아하는 나로서는 이 홍차의 맛이 얼마나 궁금했는지 모른다.

　간절히 원하면 하늘도 돕는다고 했던가. 평소 아름다운 티타임과 다양한 브랜드의 차에 대한 시음기를 올려 동경의 마음으로 우러러보았던 한 블로그 이웃이 흔쾌히 랍상소우총을 나눔해주었다. 드디어 동경하던 차의 맛을 알 수 있게 된 것.

　그녀는 다양한 차가 들어 있는 차 꾸러미를 보내주었는데, 랍상소우총이 소분된 봉투가 무려 두 개나 들어 있었다. 소분이란 잎차를 한 번 우려 마시기 좋은 분량으로 담아 밀봉해두는 것으로 일단 50g 이상 되는 차 통을 열면 아무리 잘 보관해도 차의 향이 날아가기 마련이므로 그걸 방지하기 위한 조치다. 실링기 혹은 고대기로 특수 은박 봉투를 밀봉해 작업한다.

정량을 재는 것부터 시작해 작은 봉투에 담아 밀봉하고, 어떤 차를 넣었는지 라벨을 만들어 붙이거나 일일이 차 이름과 유통기한을 적어 넣는 일까지 꽤나 정성을 요하는 일이라서 차 마시는 사람들은 온라인에서 소분 과정을 '소분 공장을 돌린다'고 말하기도 한다. 시음기는 차를 우려서 마시는 과정을 설명하고 그 맛에 대해 주관적으로 품평하는 것이다. 나눔 해준다는 것은 말 그대로 자신이 가진 차를 나눠준다는 뜻. 나 또한 넉넉한 마음의 온라인 이웃들이 나눔 해준 덕분에 평소에 접하기 힘든 브랜드의 차도 많이 접할 수 있었다. 이 자리를 빌려 감사의 마음을!

다시 본론으로 돌아와서, 그토록 궁금하던 차를 마실 티포트를 고민하다가 예쁜 새가 그려진 티포트와 잔을 골라 예열했다. 다른 사람들의 시음기를 살펴보니 맛이 매우 강렬할 수도 있으니 처음 마신다면 찻잎을 조금만 넣고 차를 우려서 맛을 본 뒤 앞으로 어떻게 마실지 결정하는 것이 좋다고 권했다. 차를 나눔 해준 이웃 역시 3g의 소분 중 1g만 우려서 마신다고 했다.

나도 그렇게 해야겠다 생각하며 조심스럽게 가위로 소분 봉투를 열고 포트에 찻잎을 넣어주는데 아뿔싸! 나도 모르게 손이 확 기우는 바람에 3g이 홀라당 티포트 속으로 들어가고 말았다. 예열한 뒤 부어준 수분이 바닥에 남아 있어 이미 찻잎이 젖었으니 다시 덜어낼 수도 없었다.

'피할 수 없으면 즐겨라!'

그냥 우리기로 했다. 뜨거운 물을 붓고 차분한 마음으로 기다렸다. 10초…20초…30초…. 문득 이 차를 격렬히 미워했던 사람들의 시음기가 떠올랐다. 갑자기 마음이 콩알만 해져선 40초가 됐을 때 얼른 찻잔에 우러난 차를 조금 부어 슬쩍 간을 보니 강렬한 맛이 내 혓바닥을 휘감았다. 찻잔에 차를 가득 부었다. 천천히 맛을 음미할 차례다.

당시 적었던 시음기를 이곳에 옮겨보겠다.

"처음에는 이 강렬한 스모크가 충격적으로 다가왔지만 점차 마시다 보니… 으음… 맛있다. 치즈도 스모크를 좋아하고 연어도 스모크를 좋아하고 햄도 스모크 맛을 좋아하는 나로서는 이미 예상했던 대로 참 마음에 드는 맛. 뭔가 양파나 마늘 향이 강한 음식을 먹은 뒤에 랍상소우총을 마셔주면 입을 개운하게 씻어줄 것 같다는 생각을 내 멋대로 해봤다."

두 번째는 2분 동안 우려서 진하게 마셨다.

차를 마시며 후다닥 한 잠깐 공부에 의하면, 랍상소우총은 중국에서 1630년경 세계 최초로 만들어진 홍차라고 한다. 소

나무를 태운 연기로 훈연시켜 찻잎에 훈연 향을 입히는 방식으로 만들어진다고도 했다.

글을 읽으며 랍상을 마시고 있자니 마치 중국 푸젠성 무이산의 소나무 숲 안에 있는 기분이 든다. 게다가 유럽에서 중국의 녹차를 실어가다가 발효되어 홍차가 만들어졌다고만 알고 있던 나로서는 새로운 지식을 배우는 즐거운 시간이기도 했다.

"하늘은 푸르고 햇살은 눈 부시고 소나무 숲에 다녀온 나는 상쾌하도다."

아마도 날 좋았던 날 마셨던 것 같은데 이후에는 나 역시 다른 많은 사람들처럼 날이 꾸물거리면 가장 먼저 생각나는 차로 등극했다. 아직 감히(!) 시도해 보지는 않았지만 최근에 이 녀석을 50g이나 입수했으니 밀크티로 만들어 마셔 볼까 하는 생각 중이다.

언젠가는 랍상소우총이 만들어지는 무이산의 소나무 숲에도 가보고 싶다. 어딘가 무심코 놓인 커다란 바위 위에 앉아 챙겨 간 개완蓋碗(중국에서 주로 사용하는 다구)에 랍상소우총을 우려 마셔야지. 중국인들이 즐겨 먹는 티푸드도 곁들여서 말이다.

서양으로 전파된 홍차의 기원은 중국 푸젠성 무이산에 있는 동목촌에서 생산되는 랍상소우총 혹은 정산소종正山小種이라고 보는 것이 일반적이다. 이 차가 세계 최초의 홍차이기 때문.

탄생 과정이 재미있는데, 정산소종을 생산하는 동목관에서 다른 차를 만들던 중 나무 연기를 너무 많이 쐬어 실패하고 말았다. 그런데 그 맛이 꽤 괜찮아 내다 팔았더니 인기몰이를 한 것이다. 나중에는 동목관에서 이 차를 전문적으로 생산했는데 늘어나는 수요를 감당할 수 없어 점차 가격이 높아졌다. 그러자 주변에서도 동목관의 방식을 따라 차를 만들기 시작했고 이를 외산소종外山小種이라고 불렀다. 정산소종만큼은 아니지만 상당히 질이 높다.

나중에는 다른 지역에서도 훈연의 향을 입혀서 차를 생산했는데 이들의 정식 이름은 연소종이다. 하지만 잘 구분이 잘 되지 않아 훈연향이 풍기는 홍차의 이름을 랍상소우총이라는 총칭으로 묶어 부른다.

익살 넘치는 문장으로 유명한 빌 브라이슨의 《거의 모든 사생활의 역사》에는 과거 비싼 홍차를 마시고 싶어 하는 사람들이 많아 차에 지푸라기나 쥐똥 등을 섞어서 팔았다는 내용이 있다. 당연히 그 맛은 끔찍

했는데 차 마시는 것을 상류층의 특권처럼 여기는 사람들이 사서 홀짝였다고. 차의 훈연향이 워낙 강하니 이상한 맛이 나도 그냥 랍상소우총이려니 하고 마셨겠구나 싶어 웃었던 기억이 난다.

Tea Time __

처음 랍상소우총을 마시는 시간

랍상소우총이라는 이름으로 출시된 차는 대개 외소종일 가능성이 높다. 연소종은 찻잎이나 제다製茶 방법을 전통 그대로 따르지 않고 훈연향을 더하는 데 중점을 두므로 정산소종이나 외산소종에 비해 훈연향이 강렬하다. 혹시 훈연향이 부담스럽다면 찻잎을 아주 조금 넣고 연하게 우려서 마실 것을 권한다.

언젠가 동목관에서 생산된 제대로 된 정산소종을 마셨는데 훈연향이 거의 느껴지지 않고 부드러우면서 마지막에 단 맛도 느껴져서 놀랐던 기억이 있다. 동목관 출신의 정산소종을 만날 기회가 있다면 주저하지 말고 마셔보길!

아이스티

Ice Tea

여름엔 누가 뭐래도 이것!

일본Japan, 도쿄 Tokyo

근사하게 차려입은 사람들이 커다랗고 편안한 소파에 깊숙이 몸을 파묻고 앉아 조용조용 대화를 나누던 호텔 꼭대기의 스카이라운지. 커다란 창문 너머로 보이는 건 빽빽한 건물들과 그 사이로 자동차가 분주하게 달리는 도로가 있는 도시의 모습. 드문드문 눈에 띄는 초록 공간들 덕분에 그나마 숨통이 틔었다. 이런 분위기에 어울리는 나지막하고 튀는 구석 하나 없는 음악도 흘렀다. 거침없이 어디든 활보할 수 있는 활동적인 어린이였지만 그곳의 분위기는 엄숙함마저 느껴져 조용히 '어른스럽게' 앉아 누군가 말이라도 건네주길 기다렸다.

왜 그곳에 갔는지, 어느 호텔의 스카이라운지였는지, 누구를 기다렸던 건지는 전혀 기억나지 않는다. 하지만 도쿄의 날씨가 엄청 더웠다는 사실과 그래서 아이스티라는 메뉴를 듣는 순간 달콤하고 새콤한 음료를 떠올리며 고개를 끄덕였던 것만은 선명하게 기억에 남아 있다. 기다란 유리컵에 갈색의 투명한 액체와 얼음이 창을 통해 들어온 햇살에 빛나던 모습도 마찬가지다. 무엇보다 차가운 컵을 잡고 '시원해!'라고 생각하며 얼음이 유리에 부딪혀 내는 경쾌한 소리와 함께 그 액체를 한 모금 들이키는 순간 느꼈던 기분을 잊을 수 없다.

그간 내가 마셔왔던 아이스티와는 전혀 다른 심심하면서도 떨떠름했던 그 맛!

순간 머리가 굉장히 복잡해졌다. 속으로는 이런 곳에서 내주

는 아이스티가 어떻게 이렇게 맛없을 수 있단 말인가, 절규했다. 동시에 불평을 표출해도 되는지 망설였다. 그곳의 분위기는 정말 너무도 고상했다. 나를 그곳에 데려간 어른은 뭔가 잘못됐음을 직감했던지 옆에 있던 조그만 유리컵에 든 투명한 액체를 내 아이스티에 부었다. 그러곤 같이 나왔던 끝이 납작하고 동그란 모양의 스테인리스 막대기로 휘휘 저으며 장식으로 붙어 있는 줄 알았던 레몬을 넣고 꾹꾹 눌러 주었다. 그는 다정하게 미소 지으며 다시 내게 그 잔을 건넸다. 새롭게 제조된 아이스티를 마셔봤지만 여전히 내가 아는 아이스티와는 달랐다. 맛있다는 생각이 들지 않아 결국은 다른 음료를 마셨던 것으로 기억한다.

당시에는 전혀 몰랐지만 이전에 내가 마신 아이스티라는 건 그저 당분이 다량으로 함유된 레몬 혹은 복숭아 착향의 홍차 음료였을 뿐이다. 물론 차갑게 해서 혹은 얼음을 타서 시원하게 마시니 아이스티인 것은 맞지만 그래도 내 기억 속 아이스티와의 공식적인 첫 만남은 도쿄의 한 호텔 스카이라운지에서 내 머리를 복잡하게 만들었던, 제대로 홍차를 우린 뒤 얼음을 넣어 만든 맛없던 아이스티로 남아 있다.

시리아 Syria, 알레포 Aleppo

그날도 온도는 43℃에 육박했다. 박물관에서 우연히 만나 인연을 맺고 신세까지 지게 된 일본 친구들과 함께 역사 유적지를 둘러보는 하루 투어. 한때 고고학자의 꿈을 품었던 나는 최근에 발굴을 시작한 현장까지 둘러볼 수 있다고 해서 더 설레었다. 이런 것에도 과유불급이라는 말을 적용할 수 있는지 모르겠지만 기쁜 마음이 과했던 나머지 약속 시간보다 훨씬 일찍 나왔는데 그 바람에 머리에 두를 스카프를 잊고 말았다. 그때는 작은 실수가 어떤 결과를 초래할지 전혀 예측하지 못했다.

타오르는 태양을 견디기 힘들어 자그마한 수건을 빌렸다. 물에 적셔 겨우 머리통을 덮고는 습하지 않아도 너무 뜨거워 숨이 턱턱 막히는 공기 속을 유령처럼 떠돌았다. 유적지를 돌며 전문가의 설명을 들었지만 머릿속이 이미 익어버린 건지 아니면 아예 텅 비어버린 건지 멍하기만 했다. 과거의 화려했을 부귀영화와 그 정점에서 맞이한 지진이라는 재앙에 속수무책 당하고 눈물 흘리며 무너진 건물 잔해 위로 다시 새로운 도시를 건설했던 사람들의 굳건한 의지에 대해 스치듯 상상해보는 정도가 내가 할 수 있는 전부였다. 아, 그리고 하나 더. 그 옛날에도 이곳의 태양은 이토록 맹렬하게 타올랐을지 궁금했다.

몇 시간을 무방비 상태로 사막지대의 태양 아래를 걸어준 뒤 버스를 타고 한참을 달려 도착한 물가의 레스토랑에 앉아 거나하게 만찬을 즐겼다. 시원한 맥주의 유혹을 자연스럽게 받아들이며 빈속에 차가운 알코올을 벌컥벌컥 들이켰다. 한 번도 보지 못했던 이 나라의 전통 음식이 줄지어 식탁 위에 차려졌고 지쳤던 영혼과 비었던 위장은 근사한 맛이 주는 위로와 포만감으로 차곡차곡 채워졌다.

투어가 끝난 뒤에는 하루 만에 친해진 일행의 집으로 초대받아 놀러 갔다. 파견 나온 지 6개월이 지났다는 그녀의 집은 시리아에서 구한 물건들과 고향에서 가지고 온 물건들이 적절히 조화된 아기자기하고 예쁜 공간이었다. 집 안을 둘러보고 있자니 나도 괜스레 먼 이국인 이곳에서 살게 된다면 어떻게 집을 꾸미고 살지 상상의 나래를 펼치게 됐다. 나라면 고향에서 가져오는 물건은 최소화하고 새로운 정착지에서 구한 신기한 물건들로 집을 꾸밀 것 같았다. 집 주인은 냉장고에서 차갑게 식혀둔 아이스티를 내왔다. 시리아에 있는 내내 현지인들이 마시는 식으로 작은 잔에 진하게 차를 우려 꼭 각설탕 두 개를 빠뜨려 휘휘 저어 뜨겁게 마셨는데 오랜만에 맛보는 당분이 빠진 순수한 차는 신선했다. 게다가 그 실론 차가 어찌나 맛있게 우려졌는지 종일 땡볕 아래를 돌아다니느라 쌓인 열기를 모조리 몰아내겠다는 기세로 그녀가 잔을 채워주는 족족 갈색 액체를 입안으로 흘려보냈다. 저녁에 먹은 수많은 음식으로 여전히 배가 부른 우리의 티푸드는 그녀의 연애담이었다.

그리고 그날 밤, 나는 생과 사의 길에서 헤매는 순간을 맞이했다. 고열과 두통, 복통에 시달렸으며 한쪽 눈에서는 정체불명의 진액이 끊임없이 흘러나왔다. 나중에는 그게 굳어 눈이 떠지지 않을 지경이 됐다. 눈을 뜨지도 감지도 못한 채 고통에 끙끙거리며 잠 못 드는데 한술 더 떠서 창 너머로 구슬픈 음악 소리가 밤새도록 들려왔다. 뭔가 혼미한 상태로 계속 반복되는 아랍 남자의 노랫소리를 듣고 있자니 마치 내 장례식장에 울려 퍼지는 진혼곡 같다는 생각이 들었다.

'아, 결국 이게 끝이구나. 난 이렇게 만리타국에서 혼자 쓸쓸히 죽는구나.'

그렇게 생각하며 겨우 잠이 든 것 같다. 눈을 뜨니(비록 한 쪽만 떠지긴 했지만) 새날이 밝았고 나는 아직 숨 쉬고 있었다. 몸뚱이 곳곳에서 고통이 감지됐지만 아직 죽지 않고 살아 있음이 기쁘기만 했던 순간.

병명은 일사병이었다. 충분한 보호 없이 무방비로 강렬한 태양에 머리가 노출됐던 것은 둘째로 치더라도 엄청나게 땀을 배출해 탈수 증세가 있었는데 수분공급이 일정하게 일어나지 않다가 갑자기 차가운 음료를 몸속으로 들이민 것이 화근으로 작용했다. 언젠가 이집트의 바하리야 사막에 갔을 때 베두인 Bedouin(아랍어로 사막에 사는 사람들을 뜻한다) 가이드가 사막에서 탈수증세를 일으키는 사람을 발견했다고 무턱대고 물을 마시게 해선 절대로 안 된다고 말해준 것이 기억난다. 시간의 간격을 두고 입을 축이는 것으로 시작해 조금씩 마시게 해야지 벌

컥벌컥 마시게 내버려뒀다가는 죽을 수도 있으니 절대 그렇게 해서는 안 된다고 말이다.

나로서는 생사의 기로였던 그 사건 이후로 반드시 스카프로 두텁게 머리를 두르고 돌아다녔다. 덕분에 무사히 시리아 여행을 마치고 다음 나라로 떠날 수 있었다.

아무리 죽을 뻔했더라도 나는 아이스티를 포기하지 못했다. 여전히 날씨가 더워지면 주구장창 아이스티를 만들어 마신다. 이때 냉장고에 얼음이 떨어지지 않게 하는 것이 중요하다. 물론 얼음 없이도 조금의 인내심만 있다면 아이스티를 만들어 마실 방법은 얼마든지 있다. 투명한 유리잔에 이슬이 맺히고 얼음이 부딪히는 소리가 청명하게 들리는 근사한 아이스티를 마실 때마다 나는 그때의 뜨겁게 작열하던 태양과 기가 막히게 맛있다고 느꼈던 사랑스러운 그녀의 아이스티를 떠올리게 된다.

맞다, 나 그때 죽을 뻔했었더랬지! 생각하며 혼자 웃는 건 오직 나만 곁들일 수 있는 추억이라는 이름의 티푸드.

아이스티를 마시는 다양한 방법

1. 차를 우리거나 끓인 뒤에 식혔다가 냉장고에 보관한다.
대량으로 시원한 차를 만들어놓고 진하게 즐길 수 있으나
만드는 동안 더울 수도 있다.

2. 냉침. 용기에 물 혹은 차가 우러나길 원하는 음료와 찻잎을 넣은 뒤
적게는 5시간, 길게는 며칠 냉장고에 진득하니 넣어두고
우러나길 기다리는 방법이다. 생수에 냉침하면 차 본연의 맛을
가볍게 즐길 수 있고 향기를 최적으로
즐길 수 있다. 다양한 음료로도 만들 수 있다.
야쿠르트나 사이다는 대개 과일 가향의
차를 많이 사용하는데 달콤함과 새콤한 느낌을
제대로 즐길 수 있다. 우유는 바나나, 딸기,
초콜릿, 캐러멜 가향 홍차와 잘 어울린다.

3. 가장 빠르고 간단한 방법은 뜨거운 물에 진하게
차를 우려 얼음과 찬물로 취향에 맞는 농도의
아이스티를 만드는 것.

tip ──▶ 모든 차를 아이스티로 만들어 마실 수 있지만 가장 유명하게 베이
스로 쓰이는 건 실론이다. 레몬을 곁들일 수 있다면 상큼하고 청량한 클래식 아
이스티가 완성된다. 설탕이나 시럽을 첨가하는 건 각자의 취향에 맡긴다. 단 것
을 좋아하지 않는다면 단맛은 빼고도 과일 특유의 달콤함을 즐길 수 있다는 장점
이 있다.

다르질링

Darjeeling

세 가지 계절의 매력으로 사람들을 사로잡다

기문祁門, 우바Uva와 더불어 세계 3대 홍차로 일컬어지며 홍차의 샴페인이라는 독특한 별명까지 가진 차. 만약 이들 중 가장 유명한 차를 묻는다면 다르질링이 가장 압도적인 지지를 받을 것이다. 솔직히 고백하자면 처음에는 실론과 다르질링의 구별이 너무 어려웠다. 내겐 모두 홍차였을 뿐이다.

게다가 이 차라는 것을 알면 알수록 더 모르겠는 것이 그저 홍차의 한 종류인 다르질링조차 봄, 여름, 가을 세 계절에 수확하며 그 시기에 따라 맛이 다르다고 한다. '다르질링이란 인도에 있는 고원 위 높은 구름 속 마을 다르질링에서 생산된다는 발효도가 낮은 홍차로 경쾌한 느낌마저 드는 오렌지빛 색깔이 매력적이다'까지만 알았다면 좋았을 것을.

어느 날 수확시기에 따라 달라진다는 그 맛이 궁금해져 나의 차 창고를 뒤지니 운 좋게도 각 계절에 태어난 다르질링들이 사이좋게 나의 손길을 기다리고 있었다. 드디어 호기심을 해소할 수 있다는 쾌재를 부르며 포트에 물을 얹고 차를 마실 준비를 시작했다. 지금부터 공개하는 것은 당시 세 가지 차를 나란히 맛보며 괴발개발 노트에 적은 기록들이다.

세물차 The Autumnal

우기가 끝나는 10월쯤에 수확한 잎으로 만드는 차. '가을차' 혹은 '세물차'라고도 불린다. 구수한 맛과 향기가 단연 돋보인다. 기억 속에 남아 있는 다르질링의 맛은 상큼함이었는데 이건 완전히 다른 맛이다. 다르질링인줄 모르고 마셨다면 다른 차라고 생각했을 정도로 차이가 느껴진다. 구수한 특성 덕분에 우유나 달콤한 것을 첨가해서 마셔도 나쁘지 않을 듯.

솔직히 그동안 인도라는 나라에 별다른 매력을 느끼지 못했는데 오직 이 다르질링 때문에라도 한번 정도는 가보고 싶은 나라가 됐을 정도다. 특히 그곳을 다녀온 사람들이 찍은 구름 낀 다원 마을의 사진을 보고는 마음을 굳혔다. 오래도록 머물며 차 마시고 글도 쓰고 하면서 지내면 재미있을 것 같다. 영화 〈다즐링 주식회사〉 같은 모험이 펼쳐지게 될지 누가 알겠는가.

두물차 The Second Flush

　처음에는 사람들이 다르질링을 홍차의 샴페인이라 부르거나 플러시가 어쩌네 하는 걸 보며 조금은 호들갑스럽다고 생각했다. 다른 홍차와 얼마나 큰 차이가 있다고 저렇게 유난스럽게 구분하나 싶었던 것. 하지만 세컨드 플러시(두물차)의 첫 모금을 마신 순간 내가 틀렸음을 깨달았다. 이렇게나 다를 수가!

　처음 입안에 차를 머금으면 상큼함이 번지고 점차 구수한 느낌이 감지된다. 목구멍으로 차가 넘어가는 순간 두 맛의 조화가 기분 좋게 남는다. 이것 참 마음에 드는군. 세물차에서는 구수한 맛이 가장 강했는데 두물차는 여기에 다르질링 특유의

상큼한 맛이 더해져 두 맛이 적절한 조화를 이룬다는 느낌이다. 게다가 두물차를 수확하는 계절인 여름의 싱싱한 느낌을 참 잘 담았다. 근사한걸.

다르질링을 마시면 마실수록 인도의 다르질링이 궁금해지고 그곳에 가고 싶다는 기분이 불쑥불쑥 피어오른다. 그곳에 한 달 정도 머물면서 여러 다원을 돌아다니며 차만 마시다 와도 좋겠다는 생각이 들 정도다. 이렇게 된 이상 봄에 땄다는 첫물차가 매우 기대되는 바이다.

첫물차 The First Flush

드디어 만난 퍼스트 플러시(첫물차)! 이른 봄에 여린 잎들로만 골라 수확해서 퍼스트 플러시라는 이름이 붙었다. 찻잎의 색깔부터 다른 것 같다. 좀 더 녹색 빛을 띤다고나 할까? 물론 홍차니까 녹차보다 붉은빛이 강하지만 기대했던 만큼의 상큼한 맛은 나지 않아 적잖이 당황했다. 앞서 맛본 두 차에서 찾아낸 구수함도 전혀 느껴지지 않았다. 쌉쌀함이 그 맛을 대신했는데 그렇다고 그저 쓰기만 한 게 아니라 마시고 나면 개운함과 청량함이 남는 쓴맛이다. 녹차와 비슷한 느낌이랄까.

아마도 이런 것들이 다르질링의 매력이 아닐까. 홍차이지만

녹차처럼 청량하고 산뜻하고 가벼운 맛. 무거운 맛이 없어 특성이 없다고 느껴질 수 있으나 특유의 쓴맛이 중심을 잡아준다. 일반인들의 입맛에는 두물차나 세물차를 블렌딩한 것이 더 맛있을 수 있다는 이야기를 어디선가 들은 적이 있는데 첫물차가 굉장히 섬세해서 맛있게 우려내기가 그렇게 쉽지 않은 탓이라고. 게다가 몸값까지 접근성 없이 높기만 하니 말 다했다. 아무래도 녹차의 우전兩前(곡우를 전후하여 딴 찻잎으로 만든 차)이 비싼 것과 비슷한 이치일 것이다. 하지만 우전은 한없이 부드럽기만 한 것을 보면 잎 모양을 그대로 유지한 것과 홍차로 발효된 것이 관계가 있을지도 모르겠다.

자세하게 기록해둔 것을 읽으니 내가 써놓았던 글임에도 기분이 새로웠다. 그리고 다시 한 번 인도의 다르질링이라는 높은 지대의 마을로 수확시기쯤 놀러 가서 빈둥거리며 다르질링이나 실컷 마시다가 돌아왔으면 좋겠다는 생각이 스멀스멀 피어오른다. 좋아, 열심히 일해서 부지런히 돈 모아 머지않은 미래에 스르륵 떠날 것을 한 번 도모해봐야겠다.

집에는 이제 티백밖에 안 남았으니 머물다 돌아올 땐 가방에 질 좋은 다르질링도 좀 넉넉하게 구해와야지! 아아, 떠올리는 것만으로도 마음이 간질거리는 기분 좋은 생각들!

맛있는 다르질링 만들기

다르질링에선 맛과 향이 좋은 포도의 일종인 머스캣 향이 난다고들 하는데 향도 향이지만 진한 오렌지빛 수색 또한 일품이다. 오롯이 다르질링의 특성을 즐기고 싶다면 되도록 하얀색 도자기 혹은 유리로 된 티포트나 잔을 이용해서 마시는 것도 하나의 방법이다.

다르질링은 그 섬세한 특성 때문에라도 스트레이트로 마시는 것이 일반적이지만 앞서 언급했듯 세물차는 구수한 맛이 강하게 나는 덕분에 우유나 설탕을 첨가해서 마시기도 한다. 첫물차는 가격도 높고 생산량도 적어 시중에 널리 팔리는 것은 두물차인 경우가 많다.

재스민차
Jasmin Tea

향기에 취하다

중국China, 베이징Beijing

어느 다른 나라든 마찬가지겠지만 난생 처음 도착한 중국은 참으로 낯설었다. 종잡을 수 없는 리듬과 높낮이를 가진 언어를 속사포처럼 쏟아내는 사람들로 가득했다. 어디 그뿐인가, 조금만 틈을 보여도 상인들의 호객행위에 걸려들지도 모른다고 생각하니 몸이 부르르 떨렸다. 잔뜩 움츠린 채 그때(베이징 올림픽 한참 이전)만 해도 크지 않았던 베이징 국제공항에 도착했던 기억이 난다.

오토바이 뒤에 매달려 먼저 와서 기다리고 있다는 일행을 만나러 가는 길에도 뒤에 (내가 보기엔) 허술하게 묶은 가방이 떨어지지는 않을까 걱정하느라 처음 만나는 도시의 공기를 느낄 겨를도 없었다. 당시 그곳에서 공부 중이던 중국어에 능숙한 친구가 공항으로 마중을 나와 함께 움직여주었으니 더이상

걱정하지 말자고 열심히 주문을 외웠다. 불안은 오토바이에서 내려 내 짐이 온전함을 확인하고 같은 낯섦을 간직한, 먼저 도착한 친구들의 얼굴을 본 다음에야 사라졌다.

여행에서 빠질 수 없는 것이 현지의 다양한 음식을 맛보는 일. 가이드를 자처한 친구는 그간 자신이 이곳에서 공부하는 동안 검증한 곳으로 나와 다른 녀석들을 안내했다. 허름하기 짝이 없어 정말 음식을 먹을 수 있을지 걱정됐던 식당부터 어디가 끝인지 모를 정도로 넓고 화려한 인테리어의 식당도 가봤다. 길거리에서 파는 전갈 꼬치, 소스가 눈에 들어가 눈알이 뽑혀 나오는 줄 알았던 사천식 매운 가재 요리, 탕수육이랑 비슷해서 자주 먹었던 꿔바로우까지 정말 다양한 것들을 먹었다. 그때마다 어김없이 곁들여져 나온 차가 있었으니 바로 재스민 차였다.

이미 한국의 숱한 음식점에서 마셔왔던 재스민차. 그저 짜장면 한 그릇 먹으러 들어간 어느 중국집, 고수라는 향신료에서 꼭 비누 맛이 나는 것만 같아 꺼렸던 베트남 쌀국수 전문점에서 점원이 내민 차 역시 재스민차였다. 언제부턴가 명동의 어느 좁은 골목에서 아예 노란 통을 하나 구해 와서 집에서 직접 끓여 마시게 된 차이기도 했다. 하지만 베이징에서 마시는 그것은 차원이 달랐다. 훨씬 향기롭고 깊이가 있었다. 역시 본토의 맛이 다른 것인가 했는데 나중에 알고 보니 차를 우리는 잎이 달라서 그런 거였다. 일단 입맛이 업그레이드됐으니 한국에서도 그 상태로 즐기고 싶다는 욕심에 본토의 재스민차를 사서 돌아가기로 했다.

원래 흥정에는 전혀 소질이 없었기에 복잡한 절차가 필요 없는 슈퍼마켓을 찾아가 구슬처럼 둥그렇게 말아진 재스민차를 작은 차통에 담아 사왔다. 노란 통의 차와는 비교할 수 없이 진하고 그윽한 향기에 만족하며 오래도록 야금야금 꺼내서 마셨는데 가족들 모두에게 대환영을 받았던 것을 기억한다.

한국Korea, 서울Seoul

그가 친구들과 우르르 베이징에 다녀오는 길에 내 생각이 나서 샀다며 꾸러미를 건넸다. 그 안에는 몇 가지 소소한 물건들이 들어 있었다. 처음으로 꺼낸 건 어여쁘게 치장한 중국 여자 그림으로 장식된 뚜껑을 열면 거울이 나오는 나무로 된 액세서리 상자였다. 두 번째로 꺼낸 건 과자였던 것 같은데 정확히는 기억이 나지 않는다. 마지막으로 꺼낸 건 붉고 네모난 차통. 뚜껑을 여니 재스민의 향기가 진하게 풍겨왔다.

"너 차 좋아하잖아. 이거 조금밖에 안 되지만 되게 좋은 차래. 굉장히 비싼 값에 샀으니까 맛있게 마셔."

"고마워, 길게 간 여행도 아니고 정신없이 바빴을 텐데 내 생각까지 했네. 맛있게 먹고, 잘 마시고, 유용하게 쓸게."

거기까진 좋았다. 하지만 그는 이후 만날 때마다 차에 관해 마셔는 봤느냐, 정말 맛있느냐, 그 차 정말 비싼 값에 산 걸 아느냐며 반복적으로 물었다. 당시 나는 그를 꽤 자주 만났으므로 그런 그의 태도가 조금은 곤혹스러웠다. 나의 오지랖 넓은 상상력은 이 남자가 친구들과 우르르 중국 어딘가를 돌아다니다가 어수룩하게 사기라도 당해서 엄청 비싼 값에 조금의 차를 사서 내게 건넨 것이 아닐까 하는 데까지 미치기도 했다. 처음에는 그가 하도 귀한 차라고 해서 아끼느라 마시지 못했는데 그의 질문이 집요하게 이어질수록 과연 이 차를 마시는 것이 옳은 일일까 생각하게 되었다. 그에게 차를 사게 된 경로와 가격을 물어볼까도 생각했다가 점잖고 예의 바르기로 유명한 그에게 그런 질문은 실례일 것 같아서 하지 않았다.

그래도 수많았던 그의 질문에 한 번쯤은 진지하게 대답해야 할 것 같아 차를 마셔보기로 했다. 우선 티포트와 잔을 꺼내 예열을 시작했다. 뜨거워진 포트에 진한 향을 풍기는 뾰족뾰족

한 재스민차 잎을 넣은 뒤 한 김 식힌 뜨거운 물을 부어줬다. 티포트에서 뜨거운 김과 함께 그윽한 재스민향이 함께 올라와 기대감을 높였다. 뚜껑을 덮고 30초 정도 기다린 뒤 역시 예열된 잔에 차를 쫄쫄쫄 따랐다. 그리고 한 모금.

'!!!!!!!!!'

향기와 맛이 정말 남달랐다. 전에 내가 중국에서 사왔던 것과 모양이 달랐던 만큼이나 맛이 훨씬 좋아서 깜짝 놀랐다. 그 뒤로는 이 차를 사다 준 친구에게 몇 번이고 고맙다고 너무 맛있다고 말했다. 점잖은 그가 이제 그만 고마워해도 괜찮다고 말해줄 때까지 말이다.

네덜란드 Holland, 암스테르담 Amsterdam

3년 만이었다. 그녀를 처음 만난 건 모로코의 아름다운 해안 도시 아실라Assila였다. 당시 나는 이상한 숙소에 머물고 있어서 매우 우울해하며 어디로 떠날지를 가늠하는 중이었다. 그런데 그 숙소에서 네덜란드에서 왔다는 세 명의 아리따운 처자들을 만나게 됐다.

나는 당시를 회상할 때마다 모로코에서 세 명의 더치 에인절(네덜란드의 천사)Dutch Angel을 만난 적이 있노라고 말하고 다니곤 했다. 그도 그럴 것이 심히 빠듯했던 여행 자금 때문에 이러지도 저러지도 못하며 지옥 같던 숙소에서 괴로워하는 나를 더치 에인절들이 빼내 준 것이다. 흔쾌히 자신들이 빌리는 넉넉한 숙소로 함께 가지 않겠느냐고 청했고 덕분에 나는 그녀들과 함께 아름다운 모로코 해안가의 독채에서 이틀 밤인가 사흘 밤을 묵을 수 있었다. 천국 같았던 기억이다. 우리는 그 순간을 '지옥 탈출'이라 부르며 웃곤 했다.

나는 그 마음이 너무나 고마워서 그곳에서의 마지막 날 밤, 시장에서 신선한 재료를 사다가 거나한 저녁식사를 차려 그들의 친절에 답례했다. 실컷 먹고 마시고 떠들며 부른 배를 뚜드리던 밤이었다. 나는 이후 그들의 모로코 마지막 여행지인 페스Fez까지 함께했다.

그들 중 하나가 휴가라며 기꺼이 네덜란드 남부에서 기차를 타고 나를 만나러 와주었다. 암스테르담 중앙역 광장 앞에서 성큼성큼 내 앞으로 걸어오는 그녀를 바라보는데 정말 이게 꿈인가 생시인가 했다. 열정적으로 달려가 서로를 얼싸안고 더치식으로 인사(양 볼에 뽀뽀 세 번)했다. 우리가 가장 먼저 한 일은 다리가 아프도록 암스테르담을 돌아다닌 것이다. 그렇게 다녀도 3년 동안 밀린 이야기가 끝나지 않아 운하 곁에 있는 팬케

이크 집에 앉아 누가 보면 피자라고 생각할 정도로 커다란 베이컨 버섯 치즈 팬케이크를 먹었다. 다른 두 천사의 안부까지 전해 듣느라 시간 가는 줄 몰랐다.

여전히 그냥 헤어지기 아쉬워 뭘 할지 고민하다가 한국에서 가지고 온 공예차가 생각나 친구를 데리고 숙소 근처에 있던 폰델공원으로 갔다. 동그랗기만 했던 찻잎이 뜨거운 물과 만나 서서히 풀어지며 꽃이 피어나는 모습을 보면 친구가 좋아할 것이 분명하다며 혼자 신이 났다. 하지만 숙소를 아무리 뒤져도 좁고 기다란 유리컵이 없어서 하는 수 없이 눈에 띄는 거대한 유리 티포트를 들고 나갔다.

늦은 오후의 공원에는 여름날의 길어진 태양을 즐기려는 사람들로 가득했다. 적당한 곳에 돗자리를 펴고 주섬주섬 티타임을 준비했다. 친구는 티타임이란 말에 조각 케이크까지 준비했다. 티포트에 공예차를 넣고 챙겨간 보온병에 든 물을 따르기 시작했다. 하지만 아뿔싸! 그것으로는 턱없이 부족했기에 내가 상상한 것처럼 공예차가 아름답게 우려지지는 않았다. 나는 너무나 실망했지만 동그랗던 차에서 꽃이 피어오르는 광경을 처음 본 친구는 눈이 휘둥그레지며 즐거워했다.

다행히 우러난 차의 향기가 레몬 머랭 케이크, 패션프루트 케이크와 찰떡궁합으로 어우러져 대형 유리 티포트의 재앙은 금세 잊을 수 있었다. 티포트에 우러난 재스민 공예차가 비워지는 동안 우리는 저무는 태양을 바라보며 하루를 마무리했다.

그렇게 티타임을 마치고 다시 암스테르담 중앙역으로 돌아갔다. 1번 플랫폼에서 다정한 아쉬움의 포옹과 더치식 인사를 나누며 그녀와 헤어졌다. 재스민의 향기가 우리 주변을 맴도는 것 같았던 이별의 순간이었다.

찻잎에 재스민 꽃의 향을 입혀 만든 재스민차는 중국 현지에서 모리화차茉莉花茶라고 불린다. 어떤 차를 베이스로 했느냐에 따라 등급도 달라지는데 주로 녹차와 백차가 사용된다. 내가 명동에서 산 차는 분쇄된 잎이었으므로 보급형이자 끓여서 대량으로 마시는 것이고, 친구가 사다준 것은 백호은침白毫銀針이라는 백차 찻잎으로 만든 고급차였다.

모양도 찻잎에 향을 입히는 것과 동그랗게 말아서 용단주 모리화차로 만드는 것, 친구와 공원에서 마신 것처럼 찻잎과 꽃잎을 가공해서 뜨거운 물을 부으면 꽃이 피어나는 공예차로 만드는 것까지 다양하다.

꽃이 피는 차 마시기

1. 유리잔을 예열한 뒤 3분의 1에서 2분의 1정도 뜨거운 물을 부어준다.

2. 공예차를 넣으면 잎이 서서히 벌어지는데 이때 나머지 물을 부어준다.
찻잔 속에서 꽃이 피는 모습을 볼 수 있다.

3. 위에서 바라보면 만개한 꽃이 보인다.

한국 녹차

Korean Green Tea

부드럽고 구수하고 은은한 녹차의 맛

자주 듣는 질문 중 하나가 언제 어떻게 차를 마시기 시작했느냐는 것이다. 문득 돌아보니 차가 생활의 일부가 되었을 뿐, 특정한 순간이 나를 차의 세계로 빠져들게 한 것은 아니다. 확실하게 말할 수 있는 것은 나를 차의 세계로 안내한 일등 공신이 나의 다섯째 고모라는 사실이다.

워낙 돌아다니는 것을 좋아해서 사람 만날 일이 많았는데, 커피를 마시지 않으니 나에게 주어진 차선책은 차였다. 사실 차도 드문드문 기회가 있을 때마다 마셨을 뿐 본격적으로 찾아서 마시지는 않았다. 그런데 다섯째 고모 집에 있는 다실에 발을 들인 순간 이런 곳에서 차를 마신다는 것이 매혹적으로 느껴졌다. 고모가 직접 우려서 주는 맛있는 차도 차였지만 나무로 만든 고풍스러운 가구들이며 선이 곱고 색이 단아하고 예

뻔 각종 다구들에 홀려 한참을 들여다보곤 했다.

그녀가 다른 사람들에게 차를 대접하는 일은 자그마한 다실 안에만 그치지 않았다. 고모는 일가친척들이 모일 때면 어김없이 다구로 가득한 무거운 바구니를 들고 나타나 장소를 가리지 않고 모두에게 정성껏 차를 대접했다. 누군가의 집 거실에서도, 성묘를 가서 조상님들과 함께일 때도, 지나가다 맞닥뜨린 햇살이 잘 드는 잔디밭 위에서도 마찬가지였다.

하도 맛있어서 늘 조금만 달라고 졸라 얻어 와서는 집에서 고모가 우려준 것과 비슷하게 흉내를 내보기도 했다. 하지만 몇 번이나 설명을 듣고 따라 해도 내가 만든 차는 고모가 우려준 차의 맛이 나질 않아서 늘 실망했다. 물론 수년간의 경험과 노하우가 담긴 차와 나 같은 생초보가 따라 만든 차의 맛이 같을 리는 없었다. 그래도 나는 언제나 노력했다.

'물의 온도는 끓이고 조금 식히라고 했고, 물을 부은 뒤에는 30초 정도라고 했지. 물은 생수를 끓일 것….'

그러다가 고모를 따라다니면서 그녀가 주최하는 찻자리의 사진을 찍게 됐다. 제대로 벌어지는 찻자리에는 수많은 손길과 엄청난 정성이 필요하다는 걸 그때 처음으로 알았다. 행사가 열리는 장소와 목적에 따라 옷차림도 신경 쓰지 않으면 안 됐고 차의 종류부터 시작해 그에 어울리는 다구들, 계절에 맞는 다식, 다화 등을 이용한 찻상의 데커레이션 같은 세부적인 문제도 있었다. 색깔의 조화는 기본!

즐거운 일이었지만 동시에 내가 감히 다가갈 수 없는 일인 것도 같아 뒤에서 필요한 일을 거들며 사진만 잘 찍으면 된다는 생각에 안심하기도 했다.

사진을 찍어주는 것으로 시작된 '고모 따라다니기'는 이후로도 한동안 이어졌는데 그중에서도 가장 좋았던 것은 남도 쪽에 위치한 대중적으로 알려지지 않은 녹차 산지를 다니며 차밭을 구경한 일이었다. 재배한 차를 수확해 직접 차를 만들어내는 사람들을 만났는데 그 넓은 차밭의 수많은 차나무에서 아주 작은 새순만 따서 만들어내는 게 '차*'이다 보니 어려움이 이만저만이 아니라고 했다. 게다가 차밭이 아닌 산비탈에 아무렇게나 자라난 야생 차나무만 찾아다니며 잎을 채취해 정성껏 야생차를 만들기도 하는데 이런 차는 꽤 높은 가격표를 몸에 달고 시장으로 나온다고도 했다.

'그냥 흔하게 마시는 찻잎이 뭐 이리 비싸?' 하고 생각할 수도 있지만 직접 그곳을 둘러본다면 고개를 끄덕일 수밖에 없을 것이다. 특히 야생차는 가파르게 기울어진 산비탈에 나 있는 경우가 많다. 다니기 쉬운 것도, 좋은 길이 나 있는 것도 아니라 바위와 자갈투성이인 척박한 토양이다. 야생차 맛이 특히 더 좋다고 느껴지는 것도 그런 이유일 것이다. 차나무는 물이 잘 빠지는 토양에서 자라는 것이 이상적이기 때문이다. 잘 살펴보면 차나무가 잘 자라는 곳은 대게 자갈이 풍화된 지리조건을 갖추었다.

고모를 따라다니며 차를 둘러싼 다양한 풍경과 사람들을 만나고 그들이 내주는 맛있는 차를 홀짝이다 보니 나 또한 일상으로 돌아왔을 때 소박하게나마 나만의 방식으로 차를 우려 마시게 됐다. 내 손으로 우려내는 차의 맛도 점차 좋아지기 시작했다. 맛있으니 자꾸만 더 마시게 되고 자연스럽게 차와 관계한 문화에도 관심을 가졌다. 여기에 여행을 못 떠나면 없던 병도 생기는 못 말리는 여행 마니아적 기질이 더해져 지구 곳곳을 돌아다니며 그곳 사람들의 차 마시는 풍경을 관심 있게 지켜볼 수 있었다. 그러니 철면피인 내가 그 풍경 속으로 자발적으로 들어가 한 자리를 꿰차고 앉아 낯선 사람들과 차를 홀짝이게 된 것은 필연적인 결과라고나 할까. 그들의 친절에 보답도 하고 한국의 차 맛을 널리 알리겠다는 생각에 늘 가방에는 내가 사는 땅에서 난 녹차를 챙겨서 떠났더랬다.

흥미로웠던 것은 한국 녹차를 외국의 수돗물로 끓인 물에 우리면 맛이 엄청나게 달라진다는 사실이다. 솔직히 말하면 맛이 없어진다. 녹차는 발효를 최대한 막은 차라서 유난히 예민한 성질을 가지고 있다. 때문에 보관 기간이 짧은 탓도 있지만, 그보다는 유럽의 수돗물에 석회질이 많이 함유된 탓에 맛에 큰 영향을 끼쳤다. 그런 물에 녹차를 우리니 형언할 수 없이 느끼하면서도 괴상한 맛이 나서 적잖이 당황했던 기억이 있다. 이후에는 늘 한국 녹차는 생수에 우려 대접하는 원칙이 생겼다.

해외에서는 그 나라 사람들이 즐기는 차를 마셔보는 것이 더 여행자다운 태도이긴 하지만 혹시 외국에서 한국 녹차를 마실 계획이 있다면 생수를 사용할 것을 권한다.

이 땅에서 난 수많은 녹차를 우리고 마셔봤지만 그게 어떤 맛이든 나에게는 우리 고모가 우려서 내어주는 녹차가 언제나 세상에서 가장 맛있는 녹차다.

흐음, 이렇게 녹차에 관해 글을 쓰고 있자니 그녀의 다실에 앉아 둘이 도란도란 이야기 나누며 고모가 내어 주는 담백하고 깔끔하면서도 달콤한 다식과 맛있는 녹차를 얻어 마시는 상상 속으로 빠져든다. 이럴 게 아니라 정말 오랜만에 고모한

테 전화를 걸어봐야겠다. 안부도 묻고 언제 함께 차를 마실 수 있는지 물어봐야지.

대표적인 한국 녹차는 우전과 세작細雀이다.

우전은 곡물들이 잠에서 깨어난다는 곡우 이전에 따서 덖어 만든다. 어린 찻잎으로 만들어 부드럽고 은은한 맛을 특징으로 가진다. 찻잎이 작다 보니 생산량도 적을 수밖에 없어 가격이 높다.

세작은 우전을 수확한 이후부터 여름이 시작된다는 입하까지 수확한 찻잎으로 만든다. 참새의 혀 크기만 한 작은 잎들을 따서 만들었다는 의미로 세작이라는 이름이 붙었다. 우전보다는 크기가 커 함유 성분이 많고 덖고 찌는 과정을 거친다. 구수한 풍미를 자랑한다.

Tea Food Story ___

녹차로 만드는 디저트들

1. 녹차 소프트 아이스크림
부드럽고 진한 소프트 아이스크림에 녹차가루를 섞으면 풍미와 맛이 더욱 깊어진다.

2. 녹차 빙수
팥빙수가 구수하고 달콤하다면 녹차 빙수는 쌉싸름한 맛까지 더한 어른의 빙수다.

3. 녹차 케이크
앞서 소개했던 요시사토 상의 맛차 케이크의 우리나라 버전이다.

보이차

Puer Tea

험난할 수도 있는 차 마시기에 대하여

보이차를 처음 마신 순간을 잊을 수 없다. 차에서 흙 맛이 났다. 게다가 그걸 내줬던 사람은 보이차라는 것이 희귀한 차라서 한 덩어리에 엄청나게 비싼 값으로 거래되기도 한다고 말했다! 앞뒤가 맞지 않고 이해가 가지 않는 일이었다. 이런 맛의 차가 엄청난 가격에 거래되다니. 역시 세상은 다양한 취향을 가진 사람들이 살고 있다고 여겼다.

두 번째로 보이차를 마셨을 때도 지푸라기를 마시는 것 같은 충격적인 맛에 놀랐다. 역시 이 차는 나와 맞지 않는다고 생각했다. 그때 들었던 이야기는 이전보다 충격적이었다. 이 차가 고가에 거래되다 보니 중국 사람들이 안 좋은 화학물질이나 원료를 첨가해서 가짜를 만들어 판다는 것이다. 진짜같이 생긴 데다가 맛도 비슷하니 속아서 사는데 그걸 마시면 몸에 안 좋은 영향까지 미친다고.

상황이 이쯤 되니 보이차를 마신다는 건 조금은 두려운 일이 되었다. 이런 내 마음을 눈치채기라도 했다는 듯 운명의 신도 내게서 보이차를 멀찍이 떨어뜨려 뒀다. 흙 맛이 나는, 귀하다는, 그러나 가짜일지도 모르는 차를 마주하게 되는 일이 없었다. 나도 보이차에 대해서는 까맣게 잊은 채 세상의 이곳저곳을 기웃거리며 다른 차들을 홀짝였고 그러는 동안 꽤 많은 시간이 흘렀다.

보이차를 다시 만나게 된 것은 사람들 사이에 내가 차를 좋아한다는 소문이 조금씩 퍼져나가게 됐을 즈음이었다.

"맛있는 보이차가 있는데 네가 차를 좋아한다고 하니 가져가서 마셔."

"이거 좋은 거라더라, 이번에 중국 다녀왔는데 네 생각나서 사왔어."

"누가 줘서 우리 집에 있는 거였는데 아무도 안 마시니 네가 대신 마셔줬으면 좋겠네."

사람들이 위의 세 가지 이유로 나에게 보이차를 건네기 시작했다. 그들이 건넨 보이차의 모양은 실로 다양했다. 조그맣고 둥글거나 네모난 모양부터 커다란 벽돌 모양이거나 둥근 원반의 모양, 초콜릿 바 같은 모양까지. 처음에는 과연 이것들을 마셔도 되는지 고민했지만 죽기야 하겠나 싶어 마시기 시작했다.

이미 다양한 차들을 접한 경험 덕분인지 차의 맛이 내 기억을 지배하던 흙이나 지푸라기의 맛이 아닌 '보이차'의 맛으로 다가왔다. 마시는 횟수가 거듭되면서 다른 차와 확연히 구분되는 보이차의 독특한 맛을 좋아하게 됐다. 보이차가 부기를 빼거나 몸을 따뜻하게 해주는 데 효능이 있다는 사실을 알게 된 뒤로는 특히 겨울에 자주 마시는 차로 등극했다.

그렇게 야금야금, 홀짝홀짝 마시다 보니 간단하게 바로 마실 수 있는 '한 번' 크기의 차들은 어느새 바닥을 드러냈고 이제 남은 것들이라고는 벽돌이나 원반 모양의 거대한 보이차들뿐이었다. 난감했다. 손으로 부숴보려는 시도도 해봤지만 워낙 단단해서 불가능한 미션에 가까웠다. 어떤 통에 들어 있던 뾰족한 도구로 여러 차례 찔러봤지만 들어가지도 않을 만큼 딱딱했다. 마치 너에게는 절대 잡아먹히지 않으리라 결의한 고집불통의 먹잇감 같았다. 톱이라도 사용해서 썰어야 하는지 진지하게 고려하던 중에 한 줄기 깨달음의 빛을 보았다.

모르는가? 검색하라!

인터넷에는 나와 같은 고민을 가진 사람들의 난감함을 헤아리고 친절하게 해결책을 제시해주는 고수들이 많았다.

보이차가 독특한 덩어리 모양으로 나오는 이유는 만들 때 압병壓餠이라는 과정을 통하기 때문이라고 했다. 그러니까 물렁물렁 야들야들한 찻잎들을 꽉 누르는 것이다. 그걸 잘 말려 수분을 제거하면 상인들을 거쳐 차 마시는 사람들에게 도착한다.

압병 시 찻잎을 떡처럼 눌러 뭉치는 것이 아니다 보니 찻잎과 찻잎 사이에 틈새가 생기기 마련이고 날카로운 것으로 그 사이를 파고들어 적당량을 떼어내서 차를 마시는 거라고 했다.

144

정면을 공략하기보다는 측면을 노리는 것이 한층 수월할 것이라는 친절한 설명도 있었다. 이런 때 사용하는 '차 칼'이 있는데, 없다면 칼과 비슷하게 생긴 뾰족하고 얇은 무언가를 사용해도 무방하다고.

가만히 들여다보니 '차 칼'은 전에 내가 보이차를 찌르는 데 사용했던 도구였다. 나는 회심의 미소를 지으며 고수의 조언대로 차 칼로 측면을 공격했다. 그러자 그렇게 고집스럽던 녀석이 조금씩 제 몸을 내게 떼어주기 시작했다. 기왕 이렇게 된 것 앞으로 마실 분량도 확보해둘 생각으로 작업을 계속했다. 하지만 보이차 덩어리는 여전히 단단했고 아무리 공략해도 쉽게 틈을 내주지 않았다. 요령이 없던 탓인지 낑낑거리며 작업하던 중

몇 차례 차 칼과 내 손이 만났다.

압병된 찻잎들 사이로 파고들기 위해 차 칼이 뾰족하기는 했지만 딱히 날이 서지는 않았던 터라 대수롭지 않게 여겼다. 그런데 붉디붉은 피가 스르르 배어 나오는 모습을 보며 깜짝 놀랐다. 도대체 차가 뭐라고 이렇게 피까지 보면서 마신다는 말인가 우습다는 마음도 들었다. 그래도 차곡차곡 꽉 채운 병을 보니 흐뭇했다. 한동안 이 험난한 작업을 하지 않아도 되겠구나 싶어서 마음이 놓이기도 했다.

전에 없던 보이차 전용 자사호紫沙壺(보이차와 같은 발효차를 우려내는 티포트)도 생기고 보이차에 대한 다양한 지식도 생겨났다. 어느새 보이차는 가지고 있는 덩어리가 작아질수록 불안해져 미리 새로운 덩어리를 구비해둘 정도로 떨어뜨리지 않는 차 중 하나가 됐다. 이제는 요령이 생겨서 고집불통의 단단한 덩어리라도 잘 달래며 조금씩 떼어 해체하는 일을 전보다 쉽게 처리한다. 그럼에도 여전히 차 칼을 손에 쥐면 긴장한다.

고난 끝에 쟁취한 긍정적 결과가 더 소중하게 느껴지듯이 험난한 과정 뒤에 마시는 보이차 한 잔은 어쩐지 더 달게 느껴지기도 한다.

Tea Story __

보이차를 맛있게 마시기 위해선 조금은 색다른 준비가 필요하다.

1. 보이차

흑차의 일종으로 정품(?)은 윈난성에서 생산(중국 정부는 보이차를 윈난성 지역 특유의 방식으로 만들어진 차라고 규정함)한다. 둥근 모양은 병차餠茶, 네모난 모양은 전차塼茶라고 부른다.
차의 종류 또한 인공적으로 발효를 진행시킨 숙병熟 餠과 서서히 발효가 진행되는 청병靑餠으로 나뉜다. 대중적으로 많이 마시는 것은 숙병이다. 청병은 보관 상태에 따라 세월이 지날수록 높은 가격을 형성하기도 한다.

2. 자사호

의흥 지방의 특수 토양인 자사로 만든 티포트다. 보이차의 거친 맛을 잡아주고 부드러운 맛을 부각시킨다. 단, 자사호는 차를 흡수하는 습성이 있어서 한 종류의 차만을 우리는 것이 최고의 맛을 이끌어내는 방법이다. 차를 마시면 마실수록 반짝반짝 윤이 나는데 이를 '양호'라고 부른다.

3. 차 칼

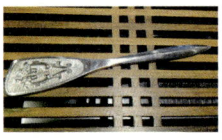

소타차(작은 알갱이 형태의 차)나 단병차(둥근 경단 모양의 차), 혹은 산차(압병하지 않은 찻잎의 상태로 나온 차) 같은 것을 우릴 때는 크게 필요 없지만 병차나 전차를 해체할 때 필요하다.

Tea Time __

맛있는 보이차 만들기

1. 예열해둔 포트에 우릴 차를 넣은 뒤 뜨거운 물을 부었다가 바로 빼준다.
이렇게 차를 씻는 과정을 '세차'라고 한다. 보이차의 경우 덩어리진 것을
풀어주고 혹시라도 제다 과정이나 보관 과정에서 끼어들었을 수 있는
먼지나 불순물을 제거해준다.

2. 다시 물을 부어 취향에 따라 시간과 농도를 조절해가며
차를 우려서 마시면 된다. 처음 두어 번은 뭉친 것이 풀리지 않아서
차가 흐리게 우러날 수 있으니 참고할 것. 그렇다고 또 너무 오랫동안 우리면
사약의 빛깔을 띤 차를 마시게 될 수도 있음을 기억하자.

tip ──• 우릴 때마다 다채롭게 변하는 차의 빛깔을 감상하고 싶다면 유리
티포트나 유리잔을 이용하는 것도 좋다.

우리 차나 한 잔
마실까요?

Shall we drink tea?

내가 차를 '격하게' 좋아하는 만큼 많이 마신다는 사실이 주변으로 차츰차츰 알려지면서 사람들이 하나둘 차에 대한 이런저런 질문들을 던져오기 시작했다. 처음에는 그런 질문들이 당황스럽기도 했지만 차츰 나도 그런 질문들에 익숙해지기 시작했고 조금이나마 그들에게 친절한 답변을 해줄 수 있게 되었다.

가장 놀란 것은 사람들이 차를 마신다는 행위 자체를 아주 어려운 혹은 귀찮은 일로 인식하는 경우가 꽤 있었다는 점이다. 차는 쓰고 떫고 맛없다는 인식 또한 적지 않았다. 그래서 이번 기회에 그동안 알려준 팁들을 다시 한 번 공유하고자 한다. 모쪼록 이 글을 읽는 사람들이 즐거운 차 생활 시작하는 데 도움이 되기를 바란다. 아울러 전문가들은 부족한 이 글을 너그러운 눈길로 바라봐 주시길!

1. 차의 종류는 어떻게 나누나?

우리가 대표적으로 '차' 하면 쉽게 떠올리는 것은 현미녹차, 홍차, 둥굴레차, 다양한 과실차, 생강차 등 아주 많다. 하지만 엄격하게 따지자면 찻잎이 들어가지 않으면 차로 분류할 수 없다. 대용 음료나 음료수라고 보는 것이 적당하다. 그러나 동서양을 불문하고 문화적인 관습에 의해 따뜻한 물에 우려서 마시거나 찬물에 타서 마시는 것 모두 차라고 불린다.

그렇다면 엄격한 의미의 차는 어떻게 분류될 수 있을까?

차는 동백과의 차나무에서 채취한 찻잎을 다양한 방법으로 제다하고 가공해낸 최종 상품을 의미한다. 가장 단순하고 명확하게 차의 종류를 나눌 수 있는 것은 찻잎의 발효도다.

- 녹차(5% 미만 불발효)
- 백차(10~15% 경발효)
- 황차(20~25% 경발효)
- 청차(30~70% 반발효)
- 홍차(80% 이상 전발효)

● 흑차(측정이 불가한 후발효)

여기에 가공차가 더해지는데 이는 위에 명시된 여섯 가지 찻잎을 기본으로 향을 입히거나 더해서 만든 차를 의미한다.

2. 차를 맛있게 우리는 방법은?

잎차를 사용할 때 이상적인 방식은 생수나 약수를 사용해 우리는 것이다. 이때 물의 온도는 녹차, 백차, 황차는 비교적 낮은 80~85℃ 사이에서 청차, 홍차, 흑차는 막 끓은 100℃의 물로 우린다.

사람의 입맛이란 평준화 할 수 없을뿐더러 사용하는 물의 종류나 차를 마시는 환경이 다르니 차의 맛을 예측할 수 없다. 그래도 우리 생활 속에서 가장 일반적으로 적용할 수 있는 사례로 설명해보려 한다.

공통적으로 차를 맛있게 마시는 방법은 그게 머그잔이든 티포트든 차를 우리는 도구를 따뜻하게 예열해주는 것이다. 다음으로 만약 티백을 사용한다면 우선 물을 잔에 붓는다. 자신이 마실 티백이 어떤 차인지 살핀 뒤 홍차라면 물이 끓자마자 바로 집어넣고 녹차라면 한 김 식힌 뒤 넣는다. 그리고 티백을 담

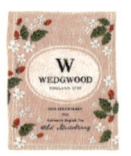

근다. 그럼 차가 우러나와 은은하게 퍼지는 모습을 관찰할 수 있다. 티백 포장지에는 대개 3~5분을 우리라고 쓰여 있는데 그걸 믿으면 안 된다. 특히 잔에 우릴 경우에는 물의 양이 적으므로 쓴맛을 싫어하는 사람이라면 차가 우러나는 색깔의 상태를 보고 너무 진해지기 전에 티백을 꺼내야 나중에 탕약을 마신다는 기분을 느끼지 않을 수 있다. 특히 티백은 찻잎을 분쇄해서 만드는 경우가 많으므로 차가 우러나는 속도가 빠르니 주의할 것.

찻잎으로 우릴 경우 홍차는 3분 정도가 적절하고 녹차는 30초 정도가 적당하다. 철관음이나 보이차 같은 중국차는 차가 우러나는 속도가 빠르므로 처음에는 10~30초 사이가 적당하다.

한 번 더 우려서 마시고 싶다면 처음 우렸던 것보다 더 많은 시간을 할애해서 우린 뒤 마실 수 있다. 물론 취향에 따라 진하게 마시고 싶다면 우리는 시간을 길게, 약하게 마시고 싶다면 시간을 짧게 해서 마시면 된다.

차를 우리는 데 정답은 없다. 마시는 사람의 입맛에 가장 맛있게 우려 마시는 것만이 가장 적절한 방법이다.

3. 차 마시는 데 필요한 도구는 무엇인가요?

아름다운 잔, 우아하고 기품이 넘치는 티포트, 우려진 차를 좀 더 길게 따뜻하게 유지해줄 폭신한 워머, 포트에서 빠져 나올지도 모르는 찻잎을 걸러줄 스트레이너, 찻잎을 필요한 만큼 떠내는 스푼, 차 우리는 시간을 정확하게 재줄 타이머… 차와 관련된 도구에 대해 나열하기 시작하면 끝이 없다. 물론 이런 도구를 사용해 커다란 테이블에 세팅하고 호사스런 티푸드까지 곁들여 차를 마실 수 있다면 좋겠지만, 우리의 현실은 종일 바쁘게 돌아가는 삭막한 사무실의 책상이거나 집 한구석에 위치한 식탁일 경우가 많다. 현실은 머그잔이나 텀블러 정도이거나 조금 더 갖춘다면 티포트와 찻잔일 것이다. 하지만 그것만으로도 이미 훌륭하게 차 마실 준비를 한 셈다.

티포트가 없다면 가지고 있는 잔이나 텀블러에 티백을 넣어 우린 뒤 차를 마시면 되고 티포트가 있다면 잎차도 우려서 마실 수 있으니 차를 마실 수 있는 범위가 조금 더 확장된다. 티포트가 없다고 해도 D숍에서 파는 다시백이라는 것이 있는데 소형 다시백을 사면 잎차를 적당량 덜어 티백처럼 사용해서 차를 마실 수 있으므로 큰 문제는 아니다.

티포트는 유약 처리된 도자기가 가장 일반적인데 모든 차를 우릴 수 있다. 그다음으로 흔히 볼 수 있는 유리 티포트는 우러나는 과정을 눈으로 감상하는 즐거움을 누릴 수 있다는 특징이 있다. 도기 티포트는 차 맛을 순화하는 경향이 있으니 참고하자.

이 세 가지가 가장 일반적이고 기본적인 질문이었다.

차 마시는 일, 어떻습니까? 참 쉽죠?

잔 하나와 티백, 뜨거운 물만 있으면 시작할 수 있는 아주 간편한 일이다. 마치 인스턴트커피를 마시는 것처럼 말이다. 그리고 수많은 지역에 있는 저마다 다른 개성의 커피를 하나하나 알아가는 재미가 있듯, 차를 마시는 생활로 발을 디딘다는 것 또한 세상에 많고도 많은 다양한 맛의 차를 탐닉할 기회를 붙잡은 것과 마찬가지다.

더 많은 사람들이 쉽게 차를 마셨으면 좋겠다. 그런 의미에서 혹시라도 이 글을 읽은 누군가가 당장 나도 한 잔 마셔볼까 생각하고 잔과 티백을 들고 뜨거운 물을 준비하고 있다면 이 글은 미션 성공!

언제라도 티타임

노시은 지음

마카롱

2부 … 차를 즐기는 시간
길 위의 여행자, 차에 위로받다

2부 차를 즐기는 시간

길 위의 여행자, 차에 위로받다

셀린과 제씨를
찾아서

사랑과 차,
그리고
여행자의 로망

비엔나 Vienna, 비포 선라이즈 Before Sunrise

햇살이 좋은 어느 주말의 오후, 지금은 사라지고 없는 대학로의 극장에서 친구와 영화를 봤다. 귀엽게 생긴 미국인 오빠와 묘한 눈빛의 예쁘장한 프랑스 언니가 기차에서 만나 비엔나라는 도시를 실컷 쏘다니다가 깊은 여운과 애잔함을 남기고 6개월 뒤에 다시 만나자며 헤어지는 내용이었다. 두 사람의 하루를 함께 따라다니며 10대 소녀였던 내 심장도 함께 콩닥콩닥 뛰었다. 낯선 외국의 기차에서 우연히 만나 함께 거리를 쏘다니고 사랑을 싹 틔우던 모습이 얼마나 근사해 보였던지! 두 사람이 정말 6개월 뒤에 만났는지 너무 궁금해서 영화가 끝나도 한참을 자리에서 일어날 수 없었다.

그때만 해도 나에게 비엔나란 커피에 아이스크림 한 덩어리 풍덩 빠뜨려 먹는 비엔나커피나 도시락 반찬으로 이따금 등장해 케첩 뿌려 먹던 비엔나소시지로밖에 인식되지 않았다. 물론 도시의 이름이라는 건 알고 있었지만 그곳에 갈 일이 있다고는 생각한 적이 없었다. 그런데 로맨틱한 영화를 보고 난 소녀의 가슴에 화르르 불길이 일었고 언젠가는 반드시 비엔나 거리를 거닐겠다는 결심까지 세웠다.

마침내 대학생이 된 내가 영화 속 그들처럼 유럽을 가로지르는 기차를 탔을 때의 감동을 기억한다. 하지만 반복되는 기차 여행은 제씨처럼 잘생긴 서양인 남자를 찾는 것이 얼마나 어려운 일인지 알려주었다. 설사 꽃청년을 발견해도 상상하고 꿈꿔왔던 일은 영화에서나 가능하다는 사실을 깨닫는 것 역시 조금 슬픈 일이었음을 부정하지 않겠다. 나 또한 셀린은 아니었다만.

게다가 처음 가본 비엔나는 너무 추웠다. 영화에 나온 관람차마저 겨울잠을 잤다. 로망이 와르르 무너지기에 충분한 상황이었다. 친구와 내가 할 수 있는 일이라곤 두꺼운 옷을 껴입은 다른 관광객들과 함께 성 슈테판 성당의 납골당을 기웃거리며 으스스한 기운에 부르르 몸을 떨어대는 것뿐.

좌절된 로맨스만 아니라면 비엔나는 참 아름다운 도시였다. 가장 좋았던 건 클림트의 〈키스〉를 만난 순간이었다. 당시 나는 클림트의 ㅋ도 모르던, 예술에는 문외한이었지만 그의 그림에는 사람을 빨아들이는 묘한 힘이 있었다. 절대적 아름다움이 주는 마력을 무시하고 지나칠 수는 없었던 것인지도 모르겠다.

정확히 8년 뒤, 클림트의 〈키스〉는 자신을 뚫어지게 응시하는 나를 다시 한 번 만나게 된다. 이번에는 출장으로 비엔나를 찾은 차였다. 미팅 때문에 다시 간 그곳에서 관계자들과 전시실을 거니는 기분은 꽤 근사했다. 일반인의 출입이 통제돼 훨씬 친밀한 기분이 들었다. 다음 날이었던가, 일 때문에 다른 작가의 그림을 보러 돌아갔을 때는 〈키스〉를 만날 수 없어서 조금 서운했던 기억이 난다.

두 번째로 찾은 비엔나에서 가장 좋았던 시간을 꼽으라면 상사도 클라이언트도 없이 홀로 도시에 남겨졌던 사흘이라고 말하겠다. 주어진 일은 최대한 다양한 박물관을 둘러보며 전시를 관람하고 보고서를 제출하는 것이었다. 물론 저녁은 자유 시간이었고 나는 그 시간들을 오며가며 점찍어둔 바나 카페를 드나드는 것으로 채웠다. 마지막 날, 늦은 오후의 비행기에 오르기 전에 들른 곳은 가장 가고 싶었던 카페 디글라스Diglas.

100년도 넘는 전통이 있는 곳이라니 가슴이 두근거렸다. 수많은 사람들이 오랜 시간 동안 그곳에 앉아 시간을 보냈을 것이다. 내부의 바, 샹들리에, 의자, 테이블… 그 어느 것도 예사로이 보이지 않았다. 누가 아는가, 내가 앉은 이 자리에서 어느 예술가가 앉아서 영감을 떠올리고 위대한 작품을 구상했을지.

차를 한 모금 마시니 따뜻한 기운이 몸으로 퍼져나가고 케이크를 한 입 베어 물으니 진한 초콜릿의 향이 입안에 퍼져나갔다. 카페 전경을 바라보았다. 나처럼 혼자 온 사람도 많았고 누군가와 함께 이곳을 찾은 사람들도 있었다. 한눈에도 여행자와 이 도시의 사람들을 구분할 수 있었다. 웨이터는 공평하게 모든 사람들 사이를 분주히 다니며 필요한 것이 없나 살폈다.

나는 등받이에 기대 앉아 비엔나의 마지막 장면을 느긋하게 바라보았다. 차는 조금 식었지만 여전히 맛있었고 야금야금 먹은 초콜릿 케이크 조각은 눈에 띄게 작아졌다. 공항에 가려면 얼마나 남았는지 가늠하려 시계를 흘낏 보고 눈길을 돌리는데 맞은편 테이블에 앉은 홀로 여행하는 남자와 눈이 마주쳤다. 우리는 싱긋 미소를 주고받고 짧은 인사를 건넸다. 아마 그때였을 것이다. 언젠가 이 도시에 다시 찾아오면 이 카페에 들러야겠다고 생각한 건. 그땐 다른 차와 다른 디저트를 주문해

놓고 그냥 느긋하게 앉아 스케치북에 그림을 그리거나 멍하니 앉아 사람이나 구경할 참이다. 이제 나는 남은 차를 마시고 작아진 케이크를 한 입에 집어넣고 우물우물 씹으며 서둘러 카페를 떠나야 하지만 다음엔 눈빛이 마주친 여행자와 마주앉아 좀 더 긴 이야기를 시작할 수도 있을 테니까. 그러다 둘이 함께 비엔나의 거리를 쏘다닐 수도 있을 테니까. 〈비포 선라이즈〉 덕분에 나에게 이곳은 그런 일이 일어나도 하나도 이상하지 않은 도시가 됐으니까.

제씨는 셀린과의 하룻밤에 관한 글을 써 베스트셀러 작가가 된다. 유럽의 도시를 돌며 독자를 만나는 그녀의 마지막 여정은 파리의 셰익스피어 서점. 그리고 셀린과의 재회. 둘은 다시 자연스럽게 파리의 거리를 쏘다닌다. 이야기꽃은 여전하다. 이번에는 서로 부재했던 시간 중의 공백을 메우는 대화들이다. 비엔나에서 그토록 풋풋하던 남녀는 이제 성숙한 남자와 여자가 됐다. 비엔나는 둘에게 낯선 도시였지만 파리는 셀린의 도시다.

다시 만난 그들이 거리를 거닐며, 카페에서, 유람선에서, 차안에서, 셀린의 아파트에서 나눈 대화 속에 나의 이야기를 투영시켰다. 조금은 눈물도 나고 쓸쓸해지기도 했지만 셀린의 왈츠를 들으니 다시 가슴이 뛰었다. 그녀의 말대로 제씨는 비행기를 놓치게 되겠지. 두 사람의 앞날을 멋대로 상상하느라 오래도록 잠들지 못하던 밤이었다.

이 영화를 극장에서 볼 기회를 놓치고 몇 년 뒤 늦은 밤 케이블 채널에서 보게 된 건 아마도 내가 서울이 아닌 다른 어딘가에서 차를 홀짝이고 있었기 때문일 것이다. 태즈메이니아의 사랑스러운 농장에서 크림티를 마셨는지, 영국에서 떠지지 않

13

는 눈을 비비며 잉글리시 브렉퍼스트를 마셨는지, 일본에서 좋아하는 사람들과 옹기종기 다실에 모여앉아 자못 심각한 표정으로 달콤한 다식을 곁들인 말차를 마셨는지, 시드니의 하버브리지와 오페라하우스가 한눈에 들어오는 카페에서 좋아하는 얼그레이를 마셨는지는 정확하지 않다. 아니면 함께 투어를 다니는 사람들과 어울려 호주의 아웃백 어딘가에서 가이드가 내주는 비스킷과 정체불명의 '블랙티'를 마셨을지도 모르는 일이다.

솔직히 고백하건대 나에겐 파리의 낭만은 없었다. 그 도시가 어떤 마법을 가졌는지 모르지만 그 힘이 나에게는 전혀 통하지 않았기 때문이다. '파리 신드롬'이라는 말을 아는가? 파리에 대한 환상을 가졌던 사람들이 실제로 방문했을 때 환상과 현실과의 괴리 사이에서 정신적 충격을 받는 증상이다. 특히 일본인들에게 강하게 나타난다고 하는데 나 또한 낭만보다는 파리 신드롬에 가까운 기억을 가지고 있다. 충격이란 말은 과하고 불쾌함이라고나 할까.

하긴, 영화에서처럼 셰익스피어 서점에 들렀다거나 카페에 앉아 느긋하게 지낸 적 없이 도시의 미술관과 박물관을 쏘다니느라 너무 바빴던 시간이었다. 에펠탑은 어땠던가! 꼭대기에 올라갔을 때 그곳을 메운 연인들의 로맨틱한 분위기 덕분에 머쓱해진 친구와 나는 머리 가죽을 벗기겠다는 기세로 불어오는 찬바람 때문인지 서러움 때문인지 모를 눈물을 흘리며 다음에는 각자의 연인과 돌아올 것을 다짐했다. 게다가 콧대 높은 파리지앵들은 지도를 들고 헤매며 도움을 요청하는 우리를 쌩쌩 지나쳐갔고 나흘 사이에 거리에 널렸던 개똥을 두 번이나 밟는 참사까지 이어진 곳이 나의 첫 번째 파리였다. 떠날 때는 내가 이놈의 도시에 다시 오나 보자며 이를 뿌득뿌득 갈았다. 그나마 〈비포 선셋〉을 보고 나니 그동안 가졌던 파리에 대한 모종의 분노가 조금 가라앉긴 했지만 딱히 파리를 다시 방문하고 싶은 도시 목록에 올려 두지는 않았다.

하지만 내 의지와는 상관없이 11년 만에 두 번째로 파리를 방문했을 때, 나는 망설임 없이 영화에 나왔던 셰익스피어 서점을 떠올렸다. 짧은 일정과 이미 정해진 일과 때문에 많은 것을 할 수 있는 상황은 아니었다. 특히 퐁피두센터의 전시가 마음에 걸렸다. 한참을 저울질하다가 나는 결국 예술을 선택했다. 파리 구경의 핵심인 몽마르트르 언덕까지 포기한 이 마당에 그나마 예쁜 카페가 많다는 마레 지구가 멀지 않다는 것은 소소한 위안이었다. 전시를 다 본 후 카페에 앉아 차 한 잔을 마시며 작품들로부터 받은 감동의 여운을 가라앉히고 호텔로 돌아가면 시간이 얼추 맞을 듯했다.

그러나 계획대로 흘러가지 않는 것이 인생인 법. 여기서 일어난 나비의 날갯짓이 다른 어딘가의 폭풍을 만들어내듯 몇 가지 미미한 이유가 예측과는 전혀 다른 결과를 도출해내는 것이다. 난 그저 아침에 잠시 파리의 슈퍼마켓을 구경하러 갔을 뿐이다. 이곳 사람들이 어떤 것들을 먹고 마시고 사용하는지 휘 둘러보고 퐁피두센터로 갈 생각이었다. 하지만 그 결과는 조금 당황스러웠다. 허겁지겁 퐁피두센터로 달려갔음은 물론 카페는 근처에도 가보지 못했고 정신을 차리고 보니 호텔의 레스토랑에서 일행들과 전혀 인상적이지 않은 저녁을 먹고 있었다. 식사 도중 홀짝인 와인 덕분에 홍조를 띤 얼굴로 방으로 돌아오니 그나마 나를 위안하는 건 침대 위에 다소곳이 쌓인 채 나를 맞이한 다양한 차들이었다.

아침에 슈퍼마켓으로 들어가 이런저런 코너를 기웃거린 것까지는 좋았다. 차가 있는 코너에 들어서니 7~8m가량 빼곡하게 들어찬 다양한 차들이 내 손길을 기다리고 있었다. 육중한 문화충격이었다. 선택의 폭이 너무 넓으니 뭘 사야 할지 몰라 헤매기 시작했다. 결정력 결핍의 인간에겐 고문이었다. 그 주변

18

Ethan Hawke
Julie Delpy

Before Sunset

에서만 한 시간이 넘도록 서성인 끝에 겨우 슈퍼마켓을 나올 수 있었다. 양손에 무겁고 커다란 봉투가 들려 있으니 호텔로 돌아가야 했다.

짐을 던지다시피 해놓고 다시 지하철역으로 가서 겨우 퐁피두센터에 도착, 표를 끊고 관람을 시작했다. 박물관에 들어가면 문 닫을 즈음에나 나오던 나와 일행은 드넓은 전시공간을 헤매느라 시간 가는 줄도 몰랐다. 그러다가 기왕 온 김에 꼭 백화점을 들르겠다는 누군가의 의견을 따라 아까 슈퍼마켓에서의 민폐(일행은 나를 기다려주었다)를 떠올리며 카페를 포기했다. 문제는 이곳에서 평소에 동경해왔던 차 브랜드 마리아주 프레르Mariage Fréres를 만났다는 것이다. 보자마자 그 숍을 통째로 서울로 가지고 오고 싶다는 생각에 사로잡혔다.

아아, 더이상 나의 차 쇼핑에 대한 이야기를 늘어놓지는 않겠다. 침대 위에는 저런 과정을 거쳐 온 차들이 수북했다. 여행동안 나의 룸메이트였던 그녀는 카페에 못 갔던 것을 슬퍼하는 나를 위로하며 가방에서 마카롱을 슬며시 꺼내 내밀었다. 곧바로 호텔 방에서 여자 둘만의 티타임이 시작됐다. 예쁜 접시도 근사한 티포트도 없지만 머그에 가장 맛있을 것 같은 홍차를 우려냈다. 그렇게 밤이 깊어가고 룸메이트는 깊은 잠에 빠져들

었다.

홀로 앉아 남은 차를 마시며 파리를 생각했다. 전에는 떠올리기만 해도 진저리를 치며 고개를 휘젓곤 했는데 이번에는 오늘 산 차가 떨어질 무렵 다시 오면 좋겠다며 벌써 다음을 상상하고 있었다. 연인과 함께라면 다시 에펠탑에 올라가 파리를 내려다보며 부둥켜안고 진하게 키스할 것이고 혼자 온다면 꼭 셰익스피어 서점에 들러야겠다. 혹시 아는가, 10년 전쯤 길 위에서 만났던 인연을 우연히 다시 만나게 될지. 그리고 반드시 카페에 앉아 차를 마시며 사람들을 구경해야지. 몽마르트르 언덕도 다시 가보고 싶다. 사람에 치여 지치기만 했던 전과는 다른 느낌일지 궁금하니까. 하지만 무엇보다 슈퍼마켓과 마리아주 프레르 매장으로 달려가고 싶다. 몇 가지 맛있는 차들을 골라 가방에 차곡차곡 넣어 돌아가야지. 상상만으로도 좋아 혼자 킥킥거리다가 룸메이트가 뒤척이는 소리에 놀라 남은 마카롱을 우물우물 먹어치우곤 이불 속으로 미끄러져 들어갔다.

사람들이 낭만의 파리를 예찬하면 나는 여전히 고개를 갸우뚱하지만 적어도 더 이상은 손사래를 치며 지저분하고 불친절한 파리에 대해 설파하지는 않는다. 그렇게 나는 〈비포 선셋〉과 차 덕분에 파리와 스르르 화해했다.

카르다밀리 Kardamili, 〈비포 미드나잇 Before Midnight〉

〈비포 선셋〉 이후 다시 9년. 제씨와 셀린의 이야기가 이번에는 그리스에서 펼쳐진다는 이야기를 들었지만 나는 크게 귀 기울이지 않았다. '사랑의 현실' 같은 말들이 영화를 봤다는 사람들의 입에 오르내렸고 이제 막 사랑에 빠진 나에게 그건 버겁고 외면하고 싶은 주제였다. 그리스의 카르다밀리가 가보지 않은 미지의 공간인 것처럼 이제 막 시작된 사랑이 마주하게 될 현실도 아직 내게는 미지의 영역이었다. 당시의 그와 나는 수많은 연인들이 그러하듯 세상에는 오직 그, 그리고 그녀 혹은 우리 둘만이 존재하는 것 같다는 싫지 않은 착란 상태에 있었다. 그는 〈비포 선셋〉의 제씨처럼 집으로 돌아가는 비행기를 놓쳤고 우리가 처음으로 소파 위에 나란히 앉아 함께 봤던 영화는 〈비포 선라이즈〉였다.

하지만 우리의 착란, 즉 몽환적 상태는 생각보다 길게 가지 않았다. 커피를 좋아하던 그가 나를 만나 커피보다 차를 훨씬 더 많이 마시게 된 지 얼마 지나지 않아 우리의 관계는 종말을 맞이했다. 굉장한 이유가 있었던 것은 아니다. 그냥 아름다운 착란이 끝나자 우리 앞에 현실이 닥쳐왔을 뿐이다. 그와 나의 가족과 친구들이 프레임 안으로 들어오기 시작했고 앞으로 둘이 끌고 나가야 하는 삶을 계획해야 했다. 아마도 그에게는 그 모든 것이 너무나도 거대하고 무겁게 느껴졌던 모양이다. 결국 그는 맞서는 대신 도망가기를 택했다. 그렇게 한 남자가 어느 순간 내 인생으로부터 홀연히 사라졌다. 홀로 남겨진 나는 오래도록 도망친 그를 이해하기 위해 애썼다. 함께 차를 마실 때 사용했던 티포트가 손에서 미끄러져 바닥에 떨어져 산산이 부서지던 순간 누군가 나에게 그것 봐라, 너희 둘의 사랑은 끝났다, 돌이킬 수 없이 조각조각 부서진 거다, 라고 말해주는 것 같아 엉엉 울기도 했다. 그렇게 〈비포 선셋〉과 〈비포 선라이즈〉를 지난 우리의 관계는 끝나고 말았다.

〈비포 미드나잇〉은 함께 보기로 했던 영화였다. 하지만 어차피 그는 돌아오지 않을 테고 이제 때가 됐다는 기분에 사로잡혀 혼자 그 영화를 보기로 했다. 10대 시절부터 지켜본, 언제나 나의 로망의 연인이었던 셀린과 제씨가 들려주는 마지막 메시지를 지켜볼 시간이 온 것이다. 늦은 저녁이었고 꿀과 바닐라로 가향된 카모마일 차(〈비포 선셋〉에서 셀린이 집으로 온 제씨에게 카모마일 차에 꿀을 타서 접대했던 것을 떠올렸다)를 곁에 준비했다.

영화는 그리스의 작은 도시에 있는 공항에서 시작된다. 제씨가 전처와의 사이에 낳은 아들과 여름방학을 보내고 배웅하는 길이다. 공항 밖에는 셀린과 둘의 쌍둥이 딸들이 기다리고 있다. 그리고 그림처럼 그리스의 풍광이 펼쳐진다. 그 속에서 셀린과 제씨는 함께, 때로는 따로 둘을 둘러싼 사람들과 이야기를 나눈다. 특히 저녁식사 테이블에서 각기 다른 연령대의 사람들이 나누는 사랑과 관계에 대한 이야기는 하나하나 주옥같이 아름다웠다. 이제 막 사랑을 시작한 초현대식 감각을 탑재한 젊은 안나와 아킬레아스, 서로를 지배했노라 외치는 중년의 스테파노스와 아리아드리, 뒤돌아보면 항상 함께였고 결국 중요한 건 상대방의 사랑이 아니라 삶 전체의 사랑이라 말하는 패트릭. 마지막에 그들은 우린 단지 왔다가 사라지고 누군가에게 중요하기도 하지만 스쳐 지나쳐갈 뿐이라는 나탈리아의 말에 다 함께 건배하는데 나도 머그잔을 들고 함께 건배했을 정도로 몰입해서 봤다. 그리고 드디어 등장하는 비포 시리즈의 걸으며 대화하는 장면들. 오래된 유적지 사이를 무심히 거닐며 죽음에 관해 이야기하다가 앞으로 56년 동안 나를 견딜 수 있겠느냐 물으며 깔깔대는 이 18년 묵은 연인의 모습이라니!

둘의 걸음은 호텔에서 멈추고 그 밀폐된 공간에서 일어날 수 있는 극과 극의 상황이 연출된다. 꽤 에로틱하게 분위기가 무르익다가 전화 한 통으로 밤의 열기를 북돋았을 한 병의 와인

MUSIC FROM THE MOTION PICTURE

Before
Midnight

ORIGINAL MUSIC BY GRAHAM REYNOLDS

과 커플마사지가 예약되어 있던 에어컨이 시원한 호텔 방이 전투장으로 돌변하고 마는 것. 로맨틱하게 비춰졌던 둘 사이의 어두운 뒷면이 서로에게 쏘아대는 말의 화살에 실려 적나라하게 드러난다. 둘의 인연을 이어줬던 제씨의 첫 번째 책과 이후 가지게 된 소설가라는 그의 타이틀은 셀린으로 하여금 남들이 자신을 작품 속 인물로 왜곡해서 바라본다는 짜증과 분노를 일으키고, 셀린이 제씨에게 불러줌으로써 비행기를 놓치게 한 아름다운 왈츠는 제씨가 인생을 망쳐버린 재앙이라 소리치는 무언가로 돌변하고 만 것이다. 셀린은 결국 사랑이 끝났음을 선언하고 방에서 뛰쳐나간다.

바다 옆 야외 카페에 셀린이 혼자 앉아 있다. 제씨가 다가가 수작을 건다. 셀린은 거부하지만 제씨는 자신이 시간 여행자임을 자처하면서까지 너스레를 떨며 그녀에게 진심을 전한다. 하지만 끝내 요지부동인 그녀에게 그가 지친 목소리로 말한다.

"당신이 진짜 사랑을 원한다면 바로 이거야. 이게 진짜 삶이야. 완벽하진 않지, 그렇지만 현실이라고. 만약 당신에게 그게 보이지 않는다면 당신은 장님이나 마찬가지야."

스쳐 지나가는 우리의 삶에서 사랑이란, 없으면 미쳐버릴 것 같은 서로에 대한 환상과 착란으로 시작되어 열정으로 불타오르기 마련이다. 그러나 불이란 지속적으로 연료가 공급되지 않는 이상 타오르다가 필연적으로 점차 작아질 것이며 마침내 꺼지게 된다. 그럼 도대체 그 연료가 무엇일까, 무엇이 전혀 다른 두 삶의 관계를 끊임없이 지속시킬 수 있는 것일까? 제씨가 내민 화해의 손길을 붙잡는 셀린의 모습을 보면서 나는 눈물을 터뜨렸다. 그건 함께 헤쳐 온 시간 위에 구축한 삶을 포기하지 않겠다는 강한 의지가 두 손을 맞잡은 것이었으므로.

눈물 뒤로는 깨달음이 찾아왔다. 나의 사랑은 연료를 다 태워버렸을 뿐이구나. 우리가 가졌던 연료는 딱 그만큼밖에 없었던 거구나. 나는 좀 더 크게 울었다. 실컷 울고 나니 엔딩 크레디트도 끝나 있었다. 그동안 갈구했던 대답을 손에 쥐었다는 위안도 찾아들었다.

영화에 집중하느라 못 마신, 머그잔에 남겨진 차갑게 식은 차를 벌컥벌컥 마시다가 문득 아까 셀린이 호텔 방에서 뛰쳐나가기 전에 우렸던 차가 녹차였는지 백차였는지가 궁금해졌다. 티백 속에 든 찻잎과 우러난 차의 색을 보면 백호은침일 듯한데 말이야, 하고 중얼거리는 내 모습을 보며 실소했다.

'그래, 이게 진짜 내 삶이지.'

대답을 손에 쥐었음에도 불구하고 떠난 연인이 오래도록 커피보다 차를 더 많이 마셔주길 바라는 마음도 한동안 계속될 것임을 안다. 완벽하진 않지만 이 또한 나의 현실이므로 괜찮다. 그나마 확실한 건 비록 사랑은 예측할 수 없이 떠나가도 잔속의 차는 내가 물을 끓이고 찻잎과 잔을 준비한다면 언제나 내 곁에 있을 것이라는 사실. 어쩌면 나의 삶은 그것만으로 충분한지도 모르겠다.

그해 여름의 정원

고양이, 햇살, 구름, 바람이 함께한
한 여름의 티파티

나는 그해의 여름을 다른 도시에서 지냈다. 100년도 넘었다
는 친구의 집 마당은 유난히 작았다. 마당이라기에도 민망한
좁은 공간을 그 녀석은 정원이라 부르며 자랑스러워했다. 그러
고 보니 꽃이며 나무며 있을 건 다 있었으니 정원이 아닐 이유
도 없었다. 이곳에 허브만 있으면 완벽할 것 같다고 말했더니
그는 한국에서 맛보았던 깻잎이 이따금 생각난다고, 서울로 돌
아가면 그 '코리안 허브'의 씨앗을 보내달라고 청했다. 나는 그
러겠노라고 대답하면서 깻잎으로 비로소 완벽해질 이 자그마
한 정원의 미래를 상상하며 즐거워했다.

친구가 출근하고 나면 조그만 정원은 나와 친구의 고양이 차
지였다. 고양이는 내가 아침을 차려 먹을 때면 주위를 어슬렁

31

거리며 치즈 한 조각이나 햄 한 조각을 달라고 야옹거렸다. 친구에게 그 눈빛이 너무 간절하고 목소리도 애처로워 거절이 어려움을 토로했다. 다른 친구들이었다면 고양이에게 염분은 독이라며 기겁했겠지만 그는 고양이가 죽는 그날까지(친구의 고양이는 이미 죽을 고비를 몇 번이나 넘긴 늙은 고양이었다) 행복하길 바란다며 쿨하게 내 음식을 조금 떼어주는 걸 허락했다.

박물관이나 공원으로 외출하지 않는 오후에는 대개 집에서 글을 쓰거나 책을 읽었다. 집에 있는 동안 관찰해보니 고양이는 스스로 구축해둔 자신만의 영역을 시찰하며 갖가지 업무로 바빴다. 나갈 때는 대문을 열어 달라 요구했고 돌아올 때도 문 앞에서 '야옹' 한 번이면 모든 게 끝났다. 이래서 고양이 키우는 사람들이 자신들을 '집사'라고 표현하는구나 싶었다. 녀석은 모든 게 귀찮으면 햇살이 잘 드는 구석이나 소파 어딘가에 자리를 잡고 늘어지게 낮잠을 잤다. 괜히 심심해지면 한참 작업 중인 내 컴퓨터 자판 위에 드러누워 요염한 자세와 눈빛으로 작업을 방해했다. 그러면 난 마법에라도 걸린 양 어느새 녀석의 요구대로 머리부터 꼬리 끝까지 쓰다듬기 시작한다. 녀석의 모습을 보고 있노라면 고양이로 태어나 그저 고양이이기만 하면 된다는 사실이 얼마나 부러웠던지 모른다. 다음 생에는 유럽의 부호가 기르는 애묘로 태어나고 싶다는 생각이 간절해지곤 했다.

애초에 선택의 기회 따위 없이 인간으로 태어난 나는 글이 잘 안 풀리거나 책 읽기가 지루해지면 차를 마셨다. 특히 조그만 정원이 온전히 내 차지가 된 때는 일부러 근처의 슈퍼마켓에 다녀오는 일을 무릅쓰고라도 그럴싸하게 차려놓고 혼자만의 티파티를 열었다. 그렇다고 거창한 것은 하나도 없었다. 싱싱한 제철 과일이나 케이크 한 조각, 좋아하는 조그만 티포트와 찻잔 한 세트면 충분했다. 간단하게 만들 수 있는 샌드위치를 곁들이면 그걸로 식사가 되기도 했다. 기다란 보온병에 끓는 물까지 채워두면 들락날락할 필요도 없이 친구가 돌아올 때까지 정원을 만끽할 수 있었다.

친구와 함께 이런 시간을 공유했다면 좋았겠지만 그는 차를 전혀 마시지 않았고 단것도 먹지 않았다. 고양이는 차에 관심을 보이며 냄새를 맡으려고 오기는 했지만 끝내 혓바닥을 적시지는 않았다. 인생이든 묘생이든 홀로 태어나 홀로 떠나는 것이니 취향을 공유할 수 있는 존재를 가진다는 것은 축복이다. 다행히 취향이라는 것은 변하기도 하니 혹시나 하는 마음에 친구와 고양이에게 몇 번 권해보았으나 끝내 거절당했다. 아쉽지

만 어쩌겠는가, 그들의 취향을 존중하는 수밖에. 그래도 나와
의 티타임에 함께하겠다는 의사를 표시하면 그들에게는 커피
한 잔 혹은 우유 한 종지가 제공됐다. 중요한 것은 시간을 공유
한다는 데 있기도 하니까.

흐린 날이 이어지다가 해가 반짝 났던 어느 날, 오후의 햇살
아래서 즐기는 애프터눈 티에 대한 욕구가 강렬해졌다. 냉장고
를 열어 보니 슈퍼마켓에서 파는 것이라며 기대도 하지 않았는
데 맛있어서 깜짝 놀랐던 티라미수가 한 조각, 할인을 한다기
에 얼른 집어온 납작한 복숭아가 남아 있었다. 하늘이 언제 변
덕을 부릴지 모른다고 생각하니 마음이 급해졌다.

정원의 작은 테이블 위에 천을 펼치고 바람에 날아가지 않도
록 보온병에 뜨거운 물을 가득 채워서 올려두었다. 티포트와
잔을 예열하면서 티푸드를 차례차례 날랐다. 냉장고에 있던 싱
싱한 생 민트의 앙증맞은 잎을 뜯어 티라미수 위에 올려 장식
했다. 이제 차만 우리면 된다. 무슨 차를 마실까 고민하다가 마
리아주 프레르의 피닉스로 결정했다. 내 마음이 어땠는지 기억
나진 않지만 달고 상큼한 냄새가 애프터눈 티의 기대감을 높였
던 것만은 또렷하다.

티포트에 뜨거운 물을 부었다. 그윽한 붉은빛의 차에서 화사

한 향기가 화르르 올라왔다. 호로록 마셔보니 달큰하면서도 고소해서 티라미수와도 잘 어울렸다. 야금야금 홀짝홀짝 먹고 마시며 나머지 오후를 어떻게 보낼지 일기장에 끼적거렸다. 일기장에는 '마리아주가 환상'이라고 적었다. 새로운 발견이라며 아주 즐거워했다. 하지만 아쉽게도 그것이 마지막 한 입이었다.

홍차는 다 마셨는데 햇살은 여전히 쓸 만하고 복숭아도 많이 남았다. 보온병에 뜨거운 물을 다시 채우고 노트북까지 주섬주섬 챙겨 들고 나와 철관음을 우려 복숭아랑 먹으니 그 또한 탁월한 조합이었다. 적당히 늘어진 햇살과 한층 부드러워진 바람이 마음에 들어 게으르게 글을 쓰는 내내 만족스러웠던 느긋한 혼자만의 애프터눈 티타임이었다.

작은 정원이었지만 그곳에 앉아 하늘 위로 흘러가는 구름을 보거나 햇살의 풍요로움을 느낄 수 있었다. 비가 오는 날이면 문을 활짝 열어놓고 문에 기대어 차를 홀짝이며 빗소리를 들었다. 그날그날 날씨에 따라 라디오 주파수를 돌리곤 했다. 처음 정원에서 클래식 음악을 들으며 차를 마셨을 때는 여름이 막 시작되려는 무렵이었다. 정원에서의 일상은 유행가가 변하듯 시간이 흐르면서 뜨거운 태양과 지나갔고 그곳을 떠날 즈음에는 재즈 선율에 실려 온 가을의 냄새를 맡을 수 있었다. 그

럴 때마다 지금의 두근거림, 지금 숨 쉬고 있는 모든 순간이 감사했다. 떠나면서 과연 다 마시고 올 수 있을까 생각하며 챙긴 차들은 여름과 함께 사라져 갔고 그곳의 슈퍼마켓에서 새로 산 차들이 새로 산 앙증맞은 나의 티포트 속에서 우러났다. 매일 조금씩 썼던 글도 차곡차곡 페이지 수를 늘려갔다. 언제 끝을 낼 수 있을지 궁금했던 짧은 소설도 마침표를 찍었고, 이런저런 생각의 단편들을 두서없이 적었던 글들도 제법 모여졌다.

아직 친구에게 깻잎 씨앗을 보내지 못했다. 늙은 고양이는 지금도 햄과 치즈를 달라고, 문을 열어달라고 야옹댈까. 어서 깻잎 씨앗을 구해야겠다. 그리고 어느 긴 밤 하나를 골라잡아 씨앗에 동봉할 편지를 쓸 생각이다. 고양이와 정원의 안부를 물어야지. 그리고 깻잎이 다 자라면 사진을 찍어 보여 달라는 요구도 잊지 않을 것이다. 혹시 편지가 길어질지도 모르니 그날 밤에는 커다란 티포트에 차를 우려야겠다. 무슨 차를 마실 것인지는 아직 미정.

마리아주 프레르 Mariage Fréres

1854년에 창업한 프랑스의 유서 깊은 홍차 브랜드. 왕실에 납품한 역사가 있으며 현재도 고급 찻잎만 사용하는 것으로 유명하다. 만약 홍차 사회에 신분제가 있다면 바로 귀족으로 등극할 것이다. 개인적으로는 우유나 설탕 같은 것을 넣지 않고 스트레이트로 마시는 홍차를 마리아주 프레르의 마르코폴로로 시작해 더 애착이 가는 브랜드다. 하지만 워낙 고가의 몸값을 자랑하기에 쉽게 접하지는 못하는, 가까이하기엔 너무 먼 당신이기도 하다.

순례자의 맛
콜라카오

 카미노 데 산티아고의 아침

  부지런한 순례자의 아침은 대개 검푸른 빛이다. 아직 동이 트지 않은 이른 시간부터 알베르게Albergue (스페인 산티아고의 순례자 전용 숙소)의 침대를 박차고 일어나 짐을 꾸려 길을 걷기 시작한다. 노란 화살표와 조가비가 가리키는 방향을 따라 묵묵히 걷는다. 속도는 제각각이다. 그렇게 각자의 속도로 걷는 순례자들은 함께 걷기도 하고 자연스럽게 헤어지기도 한다. 그러다가 또다시 만나기도 하는데 그때의 반가움이란 이루 다 말로 표현하기 힘들 정도다.

  나 역시 마음에 일렁이는 백만 가지 번뇌를 잠재우겠다는 포부를 품고 먼 땅에서 찾아든 이방인이자 순례자였다. 딱 자신의 번뇌만큼이라고들 부르는 배낭을 짊어지고(나의 배낭은 다른 사람들에 비해서 꽤 무거웠다) 800km를 걸었다. 스물세 번쯤의 일출, 그리고 마흔 번쯤의 일몰과 조우했고 세 개의 별똥별을 봤던 길로 기억되기도 한다.

순례자의 하루는 매우 단순하다.

눈을 뜬다-간단히 아침 단장을 마친다-배낭을 멘다-걷는다-힘들면 쉰다-또 걷는다-그날의 목적지에 닿으면 알베르게에 짐을 푼다-저녁을 먹는다-잠든다

사이사이로 끼니를 해결하거나 갈증을 풀거나 빨래를 하는 등 많은 일이 끼어들지만 저 일정은 누구에게나 적용된다고 봐도 무방하다. 모든 일상을 뒤로하고 경건한 시간을 보내기로 작정하며 길을 떠났던 나는 세상과의 연결고리를 끊었다. 하지만 태어나서 처음으로 무거운 배낭을 짊어지고 하루에 짧게는 10km에서 길게는 40km까지 걷는 이상한 행군에 나선 상황이었다. 가장 먼저 나의 몸이 도대체 왜 이런 선택을 한 거냐며 아우성을 쳐댔다. 발에 여러 개의 물집이 생기고 전신이 쑤시는 근육통과 무릎 관절에 이상 징후가 나타나 병원까지 가야 했다.

수도 없이 짐을 줄이라는 조언을 들었지만 내 배낭에는 꼭 필요한 것만 들어 있었다. 게다가 초창기에는 너무 단순한 순

레자의 일과에 적응이 안 돼 핸드폰 벨소리의 환청이 들린다든지 주머니에서 진동이 느껴지는 환각 현상이 나타나기도 했다. 인터넷 금단현상까지 겹쳐 알베르게나 카페 같은 곳에서 컴퓨터만 발견하면 손이 근질거렸지만 꾹 참았다. 그렇게 고통의 열흘을 지내고 나서야 단순한 순례자의 생활에 익숙해질 수 있었다.

부지런히 푸르스름한 아침 공기 속으로 나아갔던지 이미 해가 중천에 떴을 즈음부터 걷기 시작했든지 나의 많은 아침 공복을 깨운 것은 콜라카오colacao 혹은 테 콘 레체te con leche였다. 아차차, 이따금은 신선한 오렌지를 눈앞에서 짜주는 수모 데 나랑하zumo de naranja이기도 했지만 그런 사치가 자주 허락되지는 않았다.

설명을 좀 덧붙이자면 콜라카오는 일종의 핫초코 분말로 스페인에서 유명세를 타면서 다른 국가로 퍼져나갔다. 그리고 테 콘 레체는 말 그대로 차와 우유, 밀크티를 말한다. 하지만 차를 갖추지 않은 곳이 꽤 있었기 때문에 콜라카오를 마시는 것이 하루를 시작하는 일종의 의식으로 자리 잡았다. 내가 운이 좋았던 것인지는 몰라도 단 한 번도 콜라카오가 없는 곳은 없었으니 정말 국민적인 음료라고 생각할 수밖에. 달콤하고 따뜻한 그것으로 공복을 깨는 건 커피를 못 마시는 순례자의 하루를 열기에 가장 적합한 일이었다.

바나 카페에서 조개껍데기가 달린 커다란 배낭을 테이블 옆에 두고 등산화 같은 투박한 신발을 신고 잠이 덜 깬 얼굴로 느릿느릿 아침식사를 하는 사람이 있다면 그 사람은 순례자일 가능성이 크다. 그들은 그을린 얼굴을 하고 있을 것이고 머릿속에선 그날 걸어야 할 거리를 가늠하고 있을 것이다.

길 위에서라면 서슴없이 다가가 말을 걸어도 상관없지만 아침에는 몇 번 눈도장이라도 찍어 아는 얼굴이 아니면 되도록 말을 걸지 않는다. 다른 사람들은 어떨지 모르겠지만 그게 나의 법칙이었다. 저녁에 널어둔 빨래가 마르지 않아 노심초사하고 눈을 떴을 때 하늘의 상태에 따라 일희일비하는 순례자의 하루도 고달프기는 마찬가지니까.

다른 순례자와 말을 섞지 않아도 고난의 길을 걷는 것이 나 혼자가 아님을 확인하는 것만으로도 위안을 얻곤 했다. 그러다가 눈이 마주치고 미소를 교환하고 인사를 주고받다가 함께 배낭을 메고 길을 걷는 날들이 있기도 했다. 그렇게 함께 걷는 누군가가 있을 때면 든든한 기분이 들었다. 마음속의 거센 파도를 잠재우기 위해 홀로 걷는 시간이 필요하기도 했지만 아무도 없는 길을 계속 가면 심심함을 넘어 외로움이 밀려오곤 했으니까. 그렇게 함께 걷다가도 양해를 구하고 속도를 바꾸면 언제든 각자의 속도와 시간으로 걸을 수 있는 게 그 길 위에서의 만남이기도 했다.

처음에는 모든 것이 어색하고 어리둥절하기만 했지만 아침마다 바의 문을 열고 들어가 콜라카오를 마시는 날들이 늘어갈수록 순례자의 일상도 점차 익숙해졌다. 그렇게 어떤 날은 아주 조금만, 어떤 날은 해 뜨기 전부터 해가 진 뒤에도 무거운 배낭을 짊어지고 산티아고 데 콤포스텔라를 향해 걸었다.

길을 걷는 동안 수많은 사람들을 만났고 그들 마음속에 일렁이는 파도에 대해 들었으며 그들이 걷는 속도를 확인했다. 대학에서 강의를 하는 교수님도 있었고 공사 현장에서 인부로 일하던 사람도 있었다. 길 위에서 운명적 사랑을 만난 사람도 있었고 일생의 사랑이라 믿었던 관계가 끝나는 것을 목격하기도 했다. 길을 걷다 미쳐버린 광인도 있었다. '나'라는 인간의 몰랐던 이면을 남 바라보듯 발견하게 되는 순간도 있었다. 생각해보니 저마다의 인생이라는 긴 세월 속에서 이 길을 걷는 시간은 잠깐일 텐데 평소 자신의 인생에서는 일어나기 힘든 일들을 보고, 듣고, 느끼고, 체험한 셈이다. 나에겐 그런 엄청난 사건이 일어나지 않았지만 다른 순례자들의 드라마틱한 상황을 보는 것만으로도 여정은 놀라움의 연속이었다.

그런데 산티아고 데 콤포스텔라에 도착하기 이틀 전, 문득 두려움이 스쳤다. 내 마음은 여전히 뒤죽박죽인데 벌써 여정이 끝나려 했다. 마법처럼 고통과 번뇌가 사라질지도 모른다는 기대로 걷고 또 걸었던 길의 끝에서 발견한 것이라고는 변한 게 없다는 사실일지도 모른다는 두려움은 생각보다 컸다. 그나마 위안이 됐던 것은 나만 그런 생각을 가진 것이 아니라는 점이 었다. 알베르게에서 저녁식사를 먹으며 다른 순례자 동지들도 나의 두려움에 고개를 끄덕이는 걸 볼 수 있었으니 말이다.

설거지까지 마치고 그 밤을 그냥 흘려보낼 수만은 없다고 결 심한 우리는 산책을 감행했다. 마을에 유일하다는 바 겸 레스 토랑에 가서 맥주라도 한잔 걸치고 올 심산이었다. 제법 쌀쌀 해진 밤공기에 다들 겹겹이 외투를 걸쳤고 가로등조차 없는 동 네였기에 두어 사람은 손전등을 들었다. 어둡고 좁다란 스페인 북부의 시골길을 다양한 국적의 순례자들이 걸어가고 있었다. 누군가 이런 길까지 뚫고 가게 하다니 알코올의 힘은 실로 위 대하다는 농담을 했고 우리는 거대한 어둠이 주는 두려움을 쫓아내기라도 하겠다는 듯 큰소리로 웃었다.

"쉿! 불 꺼! 여러분, 잠시 조용히 하고 하늘을 봐!"

하늘을 올려본 순간 우리는 일제히 탄성을 내질렀다. 우주가 바로 우리 머리 위에 있었다.

갑작스러운 감동에 누구도 말을 잇지 못했다. 그때 하늘을 가르며 별 하나가 떨어졌다. 누군가 죽은 사람의 영혼에 대해 말하자 다른 누군가는 소원을 빌었느냐고 물었다. 또 다른 누군가는 저 별이 우리 눈에는 지금 떨어지는 거지만 사실은 꽤

오래전에 떨어진 별이라고 했다. 지금 저 까만 하늘을 빼곡하게 채운 수많은 별들도 사실은 이미 소멸한 별일지도 모른다고. 그러자 저들 중 상당수는 인간들이 쏘아 올린 인공위성일 가능성이 농후하다는 대답이 이어졌고, 다시 그런 말로 이 분위기를 깨야겠느냐는 면박이 날아들었다. 우리는 또 까르르 웃음을 터뜨렸다.

은하수가 흐르는 방향에서 멀지 않은 곳에 우리가 가려는 산티아고 데 콤포스텔라가 있었다. 우리는 다 함께 두 번째 별 똥별을 보았고 이 특별한 밤을 기억하기 위해서라도 뭔가 의식을 치르지 않으면 안 된다는 이야기를 주고받았다. 생각 끝에 둥그렇게 둘러서서 손을 잡고 머리를 맞댄 뒤 각자 소원을 빌고 서로의 안녕과 행운을 기원했다. 고개를 드니 세 번째 별똥별이 하늘을 가르고 있었다.

뜨겁게 벅차오르는 가슴으로 충만해진 우리는 다시 알베르게로 돌아왔다. 맥주 같은 건 이미 필요 없었다. 돌아오는 길은 하나도 두렵지 않았다. 오히려 어둠 덕분에 정체를 드러낸 우주를 볼 수 있었다는 생각에 고마운 마음뿐이었다. 손전등도 켜지 않았다. 눈이 어둠에 적응하니 별빛만으로도 충분했다. 순례길이 끝난다는 두려움도 사라졌다. 어둠을 통해서만 별빛을 볼 수 있듯이 그곳에 도착해야만 내 마음의 상태가 어떤지 명확하게 알 수 있을 것이므로. 어둠에 적응하면 별빛만으로 왔던 길을 돌아갈 수 있듯이 마지막 발걸음을 내딛는 순간을 알게 되면 그 깨달음의 힘을 가지고 다시 내 일상의 삶으로 돌아갈 수 있을 것이었다.

산티아고 데 콤포스텔라로의 입성을 앞둔 아침도, 그 도시를 떠나는 날 아침도, 집으로 돌아가는 이른 아침 마드리드 공항에서도 콜라카오를 마셨다. 콜라카오의 맛은 언제나 그랬듯이 달콤하고 부드럽고 따뜻했다. 그 맛을 기억하려고 애썼다. 나에게는 카미노 데 산티아고의 하루하루를 열어주는 맛이었기 때문에 그건 오래도록 잊고 싶지 않은 맛이기도 했다. 마지막 콜라카오 잔을 비우고 나는 마드리드 공항 활주로에서 이륙한 비행기와 함께 무사히 인천 공항 활주로에, 나의 일상에 무사히 착륙했다.

후에 다시 스페인에 갔지만 이상하게 콜라카오를 마시게 되지는 않았다. 그건 아마도 카미노 데 산티아고의 맛이었기 때문이라고 멋대로 생각한다.

언젠가 적어도 한 번은 반드시 그 길로 돌아갈 생각이다. 그때가 되면 다시 아침마다 벌써부터 무거운 배낭을 심란해하며 아직 잠이 덕지덕지 붙은 눈을 하고는 바텐더에게 외치겠지.

"Un Colacao por favor(콜라카오 한 잔 주세요)."

모로코의 이방인에게
친절을

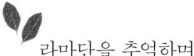
라마단을 추억하며

모로코에서 소포가 하나 도착했다. 몇 년 전 모로코를 여행할 때 만났던 폴란드 친구 다그마라가 보낸 것이다. 꽤 묵직한 상자였다.

다그마라는 폴란드어, 불어, 영어, 아랍어에 능통했기에 마라케시에 있는 여행사에서 그녀를 스카우트했고 지금은 그곳에 산다. 파리에서 좋은 일자리를 제안받았음에도 그녀는 모로코를 선택했다. 친구들은 그녀의 결정을 이해할 수 없다고 했다지만 나는 그녀다운 선택이라고 생각했다. 젊고 뜨거운 다그마라의 가슴은 그곳에 더 어울렸다.

그렇지 않아도 최근 그녀의 스케줄이 빡빡해진 데다가 우리 사이에 끼어 있는 시차 때문에 도통 이야기를 나눌 시간이 없었다. 사막의 남자친구와는 어떻게 됐는지, 일은 즐거운지, 잘 지내는지 궁금하던 차에 그녀가 보낸 소포가 도착한 것이다.

조심스럽게 열어본 소포는 '그저 감동'이었다. 우선 양은으로 만든 타진Tagine(모로코식 찜기)이 보였다. 이따금 모로코 요리를 만들어 먹고 싶다고 생각했는데 일반 타진 용기는 비싸거나 무거워서 망설이던 중이었다. 센스 있는 그녀는 요리에 들어갈 향신료 또한 잊지 않았다. 색깔과 맛을 내는 향신료 몇 가지가 섞여 있었다. 세 가지 차도 들어 있었는데, 민트향이 강하게 풍기면서도 다양한 허브가 블렌딩되어 독특한 향기를 뽐냈다. 그중에는 다그마라와 내가 '사막의 차'라고 이름 붙인 것도 있었다. 모로코 장미와 팔각, 사막 근처에서 날 법한 향기가 나는 씨앗과 허브 같은 것이 어우러진 차로 전에도 보내준 적이 있었다. 나머지 둘 중 하나는 순수한 민트티였고 마지막 봉지에는 빨간 글씨로 '베르베르 차'라고 적혀 있었다. 벌써부터 이 차들을 마실 생각에 얼마나 흥분됐던가! 향신료인가 했던 초록색 가루의 정체는 헤나로 밝혀졌다. 마지막으로 내 눈을 사로잡은 건 화려한 색감의 목걸이들이었다. 베르베르의 여인들이 두르고 다닐 듯한 것들이었다.

다그마라를 처음으로 만난 건 마라케시의 버스 정거장에서

였다. 그녀는 또 다른 여행자로 보이는 체구가 작은 여성과 불어로 이야기를 나누고 있었다. 타야 할 버스에 대한 확신이 없었던 나는 조심스럽게 다가가 두 사람의 목적지를 물었고 우리가 같은 곳으로 갈 예정이라는 사실을 알게 됐다. 다른 여행자의 이름은 카밀이었다. 우리는 에사우에라라는 바닷가 도시로 가는 버스를 함께 탔다. 당시 마라케시는 40~50℃를 넘나드는 엄청난 날씨였으나 라마단 기간인 까닭에 사람들은 해가 뜬 동안에는 먹지도 마시지도 않았다. 다른 여행자들은 종교적 관습에 얽매이지 않고 마음껏 먹고 마시는 듯했지만 우리 셋은 모로코에 왔으니 모로코 법을 따르자며 모두 라마단에 동참해 왔던 차였다.

해가 지고 얼마 지나지 않아 버스가 황급히 멈췄다. 사람들은 근처에 마련된 자리에 모두 둘러앉아 알라에게 감사의 인사를 올리고 서로의 안녕을 축복한 뒤 음식을 나눠 먹었다. 그들은 이방인인 우리를 초대해 주린 배를 채워줬다. 축제 같았던 그 시간은 마음도 따뜻하게 채워지는 즐거운 경험이었다.

늦은 밤 도착한 에사우에라에서 함께 구한 숙소는 뜨거운 물도 나오지 않았지만 그 도시에 머무르는 동안 우리의 모험은 멈추지 않고 계속됐다. 라마단 기간에는 해가 져야만 먹고 마실 수 있기에 아주 늦은 시간에 한 번의 식사를 더 하게 된다. 숙소에서 카운터를 보던 칼리파로부터 늦은 식사를 초대받았다. 혼자였다면 거절했을 제안도 여자 셋이었기에 흔쾌히 응했다.

한참을 걸어 도착한 그곳에는 라마단을 맞아 휴가를 내고 여행 중인 친구들이 잔뜩 와 있었다. 우리는 음악을 최대 볼륨으로 틀어놓고는 함께 차를 마시고 물담배인 시샤를 피우고 맛있는 타진 요리를 나눠 먹었다. 한 입 먹는 순간 '모로코 남자들이 이렇게 요리를 잘할 줄이야!' 하는 생각이 들었다. 건전한 젊은이들의 밤은 마냥 흥겹고 즐거웠다.

우리는 허름한 숙소에서 나와 집을 한 채 빌려 닷새 정도 함께 지냈다. 바다에서 태닝을 하고 현지 이웃에게 초대받아 하레라(토마토, 콩, 허브 등으로 만든 수프의 일종으로 라마단 기간에 공복을 깨는 식사의 주메뉴 중 하나)를 먹으며 알라의 축복을 감사한 마음으로 나눴다. 늦은 저녁엔 셰프로 일한 적이 있다는 칼리파의 집에 놀러 가 그가 차려주는 저녁을 먹고 친구들과 어울렸다가 돌아왔다. 카밀은 부족한 도구의 한계에도 아랑곳하지 않고 헤나 가루를 사용해서 능숙하게 다그마라의 머리를 염색해줬다. 다음 날 햇살에 반짝이며 바람에 일렁이던 그녀의 붉은 머리카락은 지금도 머릿속에 선명하다.

산책할 때면 시장을 그냥 지나지 못했다. 생선을 노리는 고양이들과 강렬한 더위와 먹지도 마시지도 못하는 라마단을 즐기며 활기차게 매일을 살아가는 성실한 사람들을 보았다. 오래된 요새의 성벽 근처를 거닐기도 했다.

에사오에라는 모로코의 휴양도시답게 로맨틱한 분위기를 풍겼다. 특별한 일이 있었던 것도 아닌데 며칠 사이 칼리파는 카밀을 짝사랑하게 됐고 다그마라는 그의 친구들 사이에 있던 사막에서 온 라민과 사랑에 빠졌다. 나도 그 무리에서 만난 마라케시에 사는 파일럿 압델과 유난히 친해졌다. 하지만 이 로맨틱한 도시에서의 시간이 끝나가고 있었다. 모두가 함께 했던 마지막 저녁식사 분위기는 어색했다. 카밀은 프랑스의 연인에게로 돌아가 나머지 휴가를 보낼 거라 했고 나는 튀니스에서 만났지만 지금은 카사블랑카에 있는 일본인 친구를 만나러 갈 예정이었다. 다그마라는 라민과 사막으로 간다고 했다.

카사블랑카에서 흥미로운 며칠을 보낸 뒤 나는 압델의 초대를 받아 그의 가족과 지내기로 하고 마라케시로 돌아왔다. 압델은 낮에는 쿨쿨 잠들었다가 하레라를 먹고 나면 나를 스쿠터 뒷좌석에 태우고 마라케시 일대를 드라이브했다. 공원을 함께 거닐기도 했다. 나중엔 그가 심한 감기에 걸려 외출이 힘들

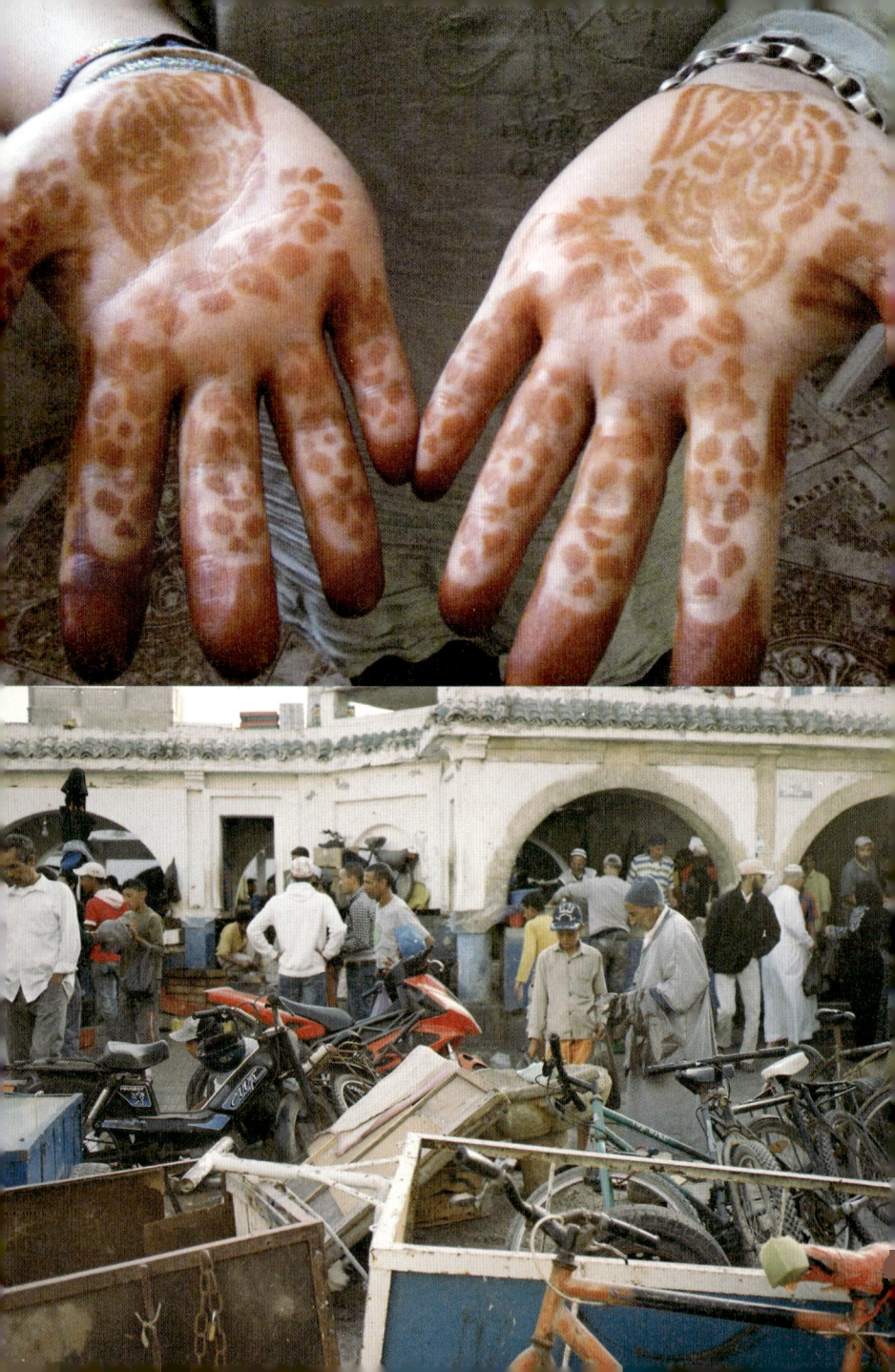

었지만, 그즈음에는 이미 그의 누나 파티마와 친해져서 심심하지 않았다. 여자 둘이 의기투합해서 낮에는 시장에서 장도 봐오고 요리도 함께하고 저녁엔 이곳저곳을 함께 다녔다. 영화를 좋아하는 파티마는 내게 발리우드Bollywood 영화를 소개해줬고 내 손에 스티커를 사용한 헤나를 물들여주기도 했다. 런던에서 자유롭게 살던 그녀가 어떻게 히잡을 쓸 결심을 했는지, 어떤 남자를 좋아하는지, 앞으로 어떻게 살고 싶은지… 낮에 시장을 오가는 길에, 함께 요리를 하면서, 선선한 바람이 부는 밤에 동네를 혹은 북적거리는 마라케시 도심 속을 거닐며, 사람을 구경하며 차를 마시며… 우리의 대화는 끝없이 이어졌다. 달과 별을 보며 옥상에서 이불을 펴고 잠들기 직전까지 말이다. 그의 가족과 함께 지내며 모로코 사람들이 라마단을 보내는 모습을 지켜볼 수 있었다.

몇 번을 생각해도 몇 번이고 돌아가고 싶은 그리운 시간이다.

진하게 홍차를 우려 다그마라가 보내준 헤나 가루를 잘 섞어두었다. 다음 날 티트리 오일을 섞어주고 하룻밤을 묵힌 다음 꿀을 섞어 사용하기 좋은 상태로 만들었다. 모로코에서 산 티포트에 베르베르의 차를 우렸다.

내 멋대로 그리고 싶은 모양으로 나만의 헤나를 손바닥과 발

등에 채워나간다. 삐뚤빼뚤 서투른 문양을 보면 코웃음을 칠 다그마라의 붉은 머릿결과 파티마의 짓궂은 웃음소리가 떠올라 더 즐거웠다. 베르베르의 차에서는 사막의 향기가 나는 것만 같다. 소식을 전혀 모르는 카밀의 안부가 이따금 궁금하다. 압델의 새로운 프로필 사진에 '좋아요'를 누른다. 내 코가 석 자인 주제에 파티마가 꼭 이상형을 만나 결혼해야 할 텐데 하고 걱정한다.

나는 그렇게 서울을 떠나 그리운 모로코로 돌아간다.

다시 영국에 가야 하는 이유

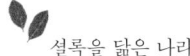 셜록을 닮은 나라

영국 드라마 〈셜록〉을 좋아한다. 소시오패스적인 성향을 가진 지적인 자문 탐정 셜록과 전형적인 보통 남자의 매력을 탑재한 왓슨. 두 남자가 현대의 런던 그리고 영국을 무대로 종횡무진 쏘다니며 사건을 해결하는 모습을 바라보고 있노라면 모니터 속으로 마냥 빨려 들어가고 만다. 한 편당 90분 정도로 긴 러닝타임이지만 지루하지 않다. 모리아티가 둘을 위협할 때면 함께 심장이 쫄깃해졌고, 셜록이 건물에서 떨어지는 순간에는 내 가슴도 함께 철렁 내려앉았다. 왓슨과 매리가 결혼할 때는 왜 그리 눈물이 나던지. 특히 셜록이나 왓슨이 허드슨 부인이 내온 홍차를 홀짝일 때마다 나도 모르게 이렇게 외칠 정도다.

"허드슨 부인, 저도 한 잔 주세요."

저 차는 뭘까, 티포트는 분명 어딘가에서 팔겠지, 비싸려나, 곁들여 먹는 비스킷은 어떤 비스킷일까…. 물음표가 꼬리에 꼬리를 물고 이어진다. 내 이럴 줄 알고 준비했지, 하며 내 머그잔의 차를 홀짝일 때가 많다. 이미 모든 에피소드를 몇 번씩 돌려본 지 오래다 보니 두 남자가 사건 해결을 위해 종횡무진 뛰어다니는 모습을 보면 자꾸만 영국에서 차를 홀짝였던 내 추억의 샛길로 빠져들곤 한다.

유럽 여행 중 집으로 돌아갈 날이 1주일쯤 남았을 때 영국 남부에 사는 친구의 초대를 받았다. 1년 전 런던에서 유쾌한 저녁식사를 했던 여운이 떠올라 기꺼이 초대에 응했다. 그곳에서 지내는 동안 참 즐거웠다. 친구는 틈만 나면 빨간 도요타에 나를 태우고 웨일스를 쏘다니곤 했다. 깊고 깊어 무섭기마저 한 숲 속을 거닐거나 한때 귀족이 살았을 근사한 저택을 둘러봤다. 귀여운 펍이나 카페가 나오면 어김없이 들러서 차를 마시거나 에일맥주를 마셨다. 친구는 골동품을 좋아하는 나를 위해 곳곳에 산재한 규모가 큰 앤티크숍에 들러주었다. 저렴한 고속버스를 타고 런던에서 열린 콘서트를 본 뒤 펍과 펍을 돌며 진탕 취하기도 했고 주말이면 다른 친구들까지 합세해서 브런치

를 즐기거나 우르르 펍으로 몰려가 햇살 아래에서 여름날의 핌
즈를 마셨다. 그렇게 예정됐던 시간이 흘러가고 집으로 돌아갈
날이 다가올수록 나의 마음은 영국에서 더더욱 미적거렸다.

"집에는 조금 더 늦게 돌아가는 게 어때? 만약 그렇게 할 수
있으면 그 시간에 우리 뉴캐슬까지 올라갔다가 돌아오는 로드
트립하자. 펍에서 실컷 맛있는 것 먹으며 맥주 마시고 근사한
카페가 있으면 네 취향대로 우유를 듬뿍 넣은 홍차에 비스킷
을 적셔서 먹는 거야"

이렇게 치명적인 유혹의 멘트라니!

친구에게 너무 오래도록 민폐를 끼치는 것이 아닐까 살짝 망
설여지기는 했으나 내 생일이 다가오고 있었으므로 스스로에
게 선물을 주는 셈 치고 항공사로 전화를 걸었다. 추가 요금을
내면 변경이 가능하다고 하기에 귀국 일정을 연기했다.

이제 우리를 막을 것은 아무것도 없었다.

우리는 고민 끝에 일단 뉴캐슬까지 쭉 올라갔다가 그곳에서
이틀 정도 시간을 보낸 뒤 천천히 내려오는 여정을 택했다. 첫
날은 고속도로를 타고 달리다가 휴게소에서 주전부리를 사서
차 위에 걸터앉아서는(나름 뚜껑이 열리는 스포츠카였다) 콜라를
병나발 불며 사람 구경하는 즐거움을 누렸다. 탁 트인 시야에

조각가 앤서니 곰리Anthony Gormley가 만든 '북쪽의 천사'를 발견하고는 뉴캐슬에 가까워졌음을 알았다. 일단 호텔로 가 체크인을 한 뒤 일몰 시간에 맞춰 천사를 찾아갔다. 오래도록 주변을 서성이며 갈색빛이던 거대한 북쪽의 천사가 석양을 받아 붉게 그리고 마침내 검게 변할 때까지 바라봤다.

다음 날 아침 화창한 뉴캐슬로 나오자 이 도시가 굉장히 낯익게 느껴졌다. 가만히 생각해보니 시드니와 많이 닮아 있었다. 하버브리지와 닮은 타인브리지가 있고, 오페라하우스 같은 세이지 게이츠헤드음악센터(이곳 또한 콘서트홀이다)도 자리한다. 물론 다리는 뉴캐슬 쪽이 형님이겠지만 콘서트홀은 시드니가 더 먼저일 것이다. 친구는 옆에서 오래된 낡은 이미지의 북쪽 도시를 현대적으로 재건하느라 들어간 막대한 예산에 대해 열변을 토했지만 좋아하는 두 도시의 묘한 조화 속을 걷는 여행자의 발걸음은 깃털처럼 가벼웠다.

우리는 괜스레 독특한 외관의 음악센터에 들어가 웃기는 포즈로 사진을 찍었고 미술관으로 건너가 흥미로운 요소들이 많은 현대 미술 작품들을 열심히 둘러보았다. 휴식이 필요하면 풍경이 좋은 카페에 앉아 차를 마시며 그동안 둘러본 작품들에 대한 수다를 떨었다.

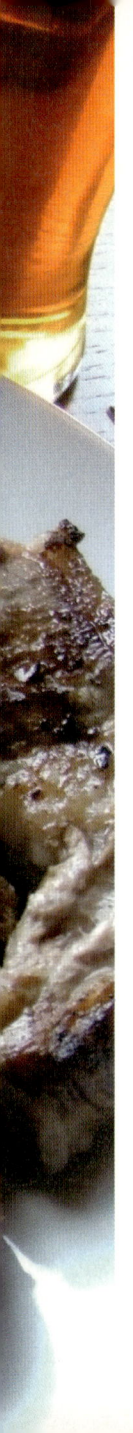

뉴캐슬에서의 시간이 지나가고 다시 집으로 돌아오는 길목에서 우리는 여러 작은 도시에 들렀다. 오래된 고성으로 들어가 중세의 기사가 되어보기도 했고 용의 포로가 되기도 했다. 수많은 이야기를 간직하고 있을 것 같은 나이 많은 성당에서 내 마음의 평화를 기원한 뒤, 밖으로 나와 산속 마을을 흐르는 작은 강 너머로 지는 석양을 감상했다. 그렇게 영국 시골 특유의 좁게 난 길과 차들이 쌩쌩 달리는 고속도로를 번갈아 달리며 많은 것을 보았고 많은 펍에 들렀으며 많은 맥주와 차를 마셨다. 물론 내 차에는 우유를 추가로 주문해서 듬뿍 넣었다.

로드트립에서 돌아와서는 새롭게 만난 친구들과 생일을 맞았다. 점심은 세계 최초(라 주장하는) 유기농 베지테리언 카페에서 콩고기 커틀릿을 먹었다. 소화도 시킬 겸 도시 외곽에 흐르는 운하를 산책하고 집으로 돌아왔다. 쉬면서 유튜브의 재미있는 동영상을 차례로 돌려보며 배꼽 빠지게 웃고 있는데 친구들이 예쁜 컵케이크를 들고 와 노래를 불러줬다. 아이싱이 유난히 맛있던 달콤한 컵케이크를 하나씩 먹으며 내게 덕담을 들려줬다. 엄청나게 커다란 티포트에 티백을 세 개나 넣고 진하게 우린 트와이닝의 얼그레이가 그 시간을 빛내줬다. 다시 영국에서의 시간이 끝나가고 있었다. 나의 마음은 다시 무겁게 이곳에 대한 아쉬움으로 미적거렸다.

느지막이 일어나 창밖으로 비 내리는 모습을 쳐다보며 아침으로 뭘 먹을까 고민하는데 새벽과 오전 근무를 마치고 돌아온 친구가 서두르라고 채근했다. 영문도 모른 채 눈곱을 떼고 양치질을 하고 옷을 갈아입고 그의 차에 탔다. 깜빡 졸았는데 눈을 뜨니 친구가 도착했다며 싱긋 웃었다.

숲 속 마을에 있는 호텔의 펍이었다.

창으로는 울창한 숲의 모습과 물이 흐르는 모습이 보였다. 그는 배가 고프다는 내게 따뜻한 호박 수프를 시켜줬다. 심심한 빵이 함께 나왔는데 찍어 먹으니 엄청 맛있었다. 고민 많은 청춘이던 우리는 그곳에 앉아 앞으로 어떤 길을 선택해서 걸어갈 것인지에 대해 이야기를 나눴다. 그저 한없이 꿈결 같은 혹은 실없는 이야기도 그땐 꼭 이뤄질 수 있을 것만 같았다.

원래 계획대로라면 숲으로 산책하러 나갔겠지만 비가 그치지 않아 우리는 그곳에 발이 묶였다. 기다리는 동안 그는 미간을 좁히고 신문을 읽었고 나는 스케치북에 웃기는 그림을 그렸다. 기다려도 또 기다려도 비는 그치지 않았고 오후 두 시쯤 되니 다시 배꼽시계가 울려대기 시작했다.

우리의 테이블에 크림티가 등장했다. 따뜻하고 붉은 홍차와 따뜻하고 폭신한 스콘, 비결이 궁금한 맛있는 클로티드 크림, 근처 농가에서 만들었을 법한 딸기잼이 커다란 쟁반 위에 담겨 나왔다.

스콘에 크림과 잼을 발라 향긋한 차 한 잔을 곁들여 먹는 위안의 힘이란!

친구와 나는 테이블 가운데로 머리를 맞대고 빵 부스러기 하나 흘리지 않고 깨끗하게 크림티 세트를 먹어치웠다. 아쉬운 마음에 고개를 들어 창밖을 보니 비가 그쳐 있었다. 우리는 축축하지만 상쾌한 진초록빛 공기로 가득한 숲 속을 거닐었다. 저만치 앞서 걸으며 사진 찍기 삼매경에 빠진 친구를 따라 얼마나 걸었을까, 처음으로 '그래, 이제 집으로 돌아갈 시간이야' 하고 생각했다. 동시에 맛있는 크림티를 마시고 이 숲을 다시 산책하기 위해서라도 다시 영국으로 돌아와야겠다고 생각했다.

영국에서의 산책을 마친 지 벌써 몇 년이 흘렀고 나에게 따뜻한 위로를 선물한 친구는 한국에서 새로운 삶을 살고 있다. 하지만 〈셜록〉을 볼 때마다 나는 다시 영국으로 돌아갈 날을 꿈꾼다. 어쩌면 그래서 몇 번이고 보고 또 보는지도 모르겠다. 그러니까 절대로 내가 주인공 셜록과 그 역할을 맡은 배우 베네딕트 컴버배치의 매력에 홀딱 빠졌기 때문은 아니라는 이야기!

〈셜록〉의 티타임

시즌 1

두 번째 에피소드는 앤티크 박물관에서 수린이라는 중국 연구원이 차 우리는 것을 시연하며 "티포트를 우릴수록 빛난다"는 이야기로 시작된 다. 아마도 자사호를 관리하고 길들이는 양호_{養壺}에 대한 말일 것이다. 그녀가 차호를 다루는 모습은 매우 어설프지만 셜록에서 자사호를 볼 수 있다는 사실만으로도 반가웠다.

시즌 2

버킹엄 궁에서 차를 마시는 장면이 첫 번째 에피소드에 등장하더니 세 번째 에피소드에선 영란은행, 런던타워, 펜터빌 교도소의 보안시스템이 해제되고 금고가 열리는 동안 컵 속의 차가 쏟아지며 드라마틱한 장면 을 연출했다. 이후 왕관을 쓰고 보석을 휘감은 모리아티가 현행범으로 체포되었다가 무죄로 풀려나자 셜록은 물을 끓이고 티포트와 잔을 준 비한 뒤 차를 우리며 바이올린을 연주한다. 차가 알맞게 우러난 시점에

서 도착한 모리아티에게 차를 건네는 셜록. 햇살에 찻잔 속의 차가 넘실거리는 것이 보이는 걸 보고 깜짝 놀랐다. 꽤 얇은 잔이라는 뜻이니까. 이 찻잔은 영국 디자이너 알리 밀러의 작품으로 드라마 방영 후 품절사태를 불러오기도 했다.

시즌 3

첫 번째 에피소드는 결혼 소식을 알리러 오랜만에 베이커 스트리트 221B로 찾아간 왓슨의 모습으로 시작한다. 허드슨 부인은 연락을 끊었다가 갑자기 나타난 그에게 퉁명스럽게 차를 낸다. 설탕을 넣는지 안 넣는지 그런 세세한 것은 까먹기 마련이라는 말에 박힌 가시는 덤이다. 하지만 내겐 그녀가 내온 우아하면서도 날렵한 선을 가진 찻잔이 먼저 보였다. 앨리스를 모티브로 해서 만든 그 찻잔 역시 알리 밀러의 작품이다. 셜록의 등장에 힘입어 한동안 완판 행진을 지속했다고 한다.

반짝이는 토주르와
야자수 청년

풋사랑을 보다

　이른 아침 호텔에서 주는 심심한 아침식사를 하고 도시를 둘러볼 생각으로 카메라와 일기장, 물통을 챙겨서 나왔다. 방향치에 길 잃기 전문가인 나는 도대체 어떻게 갔는지도 모르게 어느 순간 오아시스 근처의 야자수 농장 한가운데 있었다. 그렇다, 이곳은 튀니지의 토주르Tozeur다. 햇살이 좋았고 야자수 숲에 온 것 같은 이국적인 풍경에 마냥 신나 셔터를 눌러댔다. 호젓한 분위기를 만끽하며 산책하던 중 그곳에서 일하는 청년과 마주쳤다.

　그는 나에게 불어로 무언가를 계속 말했고 나는 그에게 끊임없이 영어로 대답했다. 하지만 어쩐 일인지 말이 통해서 그와 함께 집으로 가서 누나가 차려주는 맛있는 점심을 대접받게 됐다. 아이들과 달고 바삭한 쿠키를 곁들여 다디단 차를 마시고 그림을 그리며 노닥거렸다. 이 도시에서의 시간이 길지 않은 걸 생각하면 열심히 둘러봐야 하는 게 아닐까 잠시 갈등했지만 태양이 한창 뜨거운 지금 걷는 것도 무리일 듯했다. 그런데 잠시 후 청년이 나를 이끌고 어디론가 갔다. 앞으로 자신이 살게 될 집이라며 지금 차근차근 짓는 중이라고 설명했(다고 생각함)다. 그저 어린 청년이라고만 생각했는데 대견했다. 그러고는 나를 자신의 노란색 오토바이 뒤에 태워 동물원에도 데려가고 아름답게 조성된 공원에도 데려갔다.

한꺼번에 다양한 경험을 하느라 조금은 어리둥절했지만 편하고 즐거운 마음도 있었다. 제일 재미있었던 것은 우리의 의사소통 방식이었는데 나는 불어를 전혀 못 함에도 그의 말을 알아들었다. 그도 내 허술한 영어를 알아들었을 거라 믿는다. 우리 두 사람이 마음의 대화를 나누었다고 생각하기로 했다.

청년은 인공적인 곳도 좋지만 자신의 마음이 있는 곳은 야자수 농장이라고 했다. 그곳에 있으면 삶에 필요한 모든 것을 다 구할 수 있다는 말을 덧붙였다. 우리는 다시 야자수 농장으로 돌아가 그곳을 거닐었다. 나의 가이드는 예쁜 꽃이 있으면 꺾어주었고 먹을 수 있는 열매 같은 것들을 따서 내 손 가득

안겨주곤 했다. 거닐다가 다른 일꾼들을 마주치면 그들의 티타임에 껴들어 거친 남자들이 타주는 달콤한 차를 한 잔 얻어마시는 일도 있었다. 재미있었던 것은 농장 한가운데서도 어디에서 공수해 오는지 갓 채취한 것 같은 싱싱한 민트를 사용해 차를 만들어준다는 것이었다. 수색이 진하면서도 투명하고 맛이 묵직한 것으로 보아 홍찻잎을 조금 넣어서 끓이는 듯했다. 차를 다 마시고 나니 야자수 농장에서 일하는 사람만 알 법한 특별하고 비밀스러운 음료를 맛보여주기도 했다.

누나의 요청으로 북적이는 시장에서 저녁거리로 이것저것을 산 뒤에 집으로 돌아오는 청년의 오토바이 위에서 당나귀에 짐을 싣고 집으로 돌아가는 사람들을 쌩쌩 지나치며 투명한 다홍빛으로 지는 태양을 보았다.

호텔로 돌아가겠다고 했지만 청년은 자신이 데려다 줄 테니 함께 저녁을 먹자고 청했다. 결국 누나의 남편까지 합세해서 가족 모두 북적북적 둘러앉아 저녁을 먹었다. 분주하게 '마음으로 통하는' 수다를 떨다가 시간이 늦어져 호텔로 돌아가려고 했지만 딱 한 잔만 차를 마시고 가자는 그의 요청 덕분에 다시 오토바이를 타고 친구들이 모여 차를 마시는 카페까지 따라갔다.

오아시스 마을에 사는 청년들이 무슨 대화를 하는지 전혀 알아들을 수는 없었지만 야외에 커다란 야자수가 무심하게 서 있고 테이블마다 촛불이 켜진 그 카페의 분위기가 너무 좋아 차 마시러 오길 잘했다는 생각이 들었다. 이곳이 사막이 맞긴 맞는지 낮에는 그렇게 뜨겁더니 밤이 되자 공기가 쌀쌀해져 따뜻한 차의 온도가 마음에 들었다. 취향의 여부와 상관없이 언제나 엄청 달게 나오는 차에도 어느 정도 적응이 됐다.

술을 마시지 않는 건전한 모슬렘 청년들과 함께하는 야밤의 티타임이 끝나고 마침내 호텔로 돌아갔다. 청년은 호텔 앞에서 자꾸만 떠나지 못하고 서성였다. 나도 무슨 말을 해야 할지 몰라서, 그렇다고 얼른 가라고 막무가내로 떠밀 수도 없어서 같이 서성이는데 그가 뭔가 마음에 결정을 내린 듯 심호흡을 했다. 그리고 내 눈을 지그시 쳐다보며 잘 자라고 인사한 뒤 볼에 기습적으로 뽀뽀를 하고는 도망갔다. 워낙 순식간에 일어난 일이라 잠시 당황했지만 금방 평정심을 찾았다.

훗, 귀여운 녀석.

다음 날, 다른 도시로 가기 위해 버스 터미널에 갔더니 언제부터 기다렸는지 누나가 와서 청년이 주는 것이라며 꾸러미를 건넸다. 농장에서 맛봤던 특별한 음료와 집에서 쓰던 낡은 랜

턴 두 개였다. 카페에서 차를 마실 때 촛불이 로맨틱하다고 지나가듯 말한 것을 기억했나 보다. 콧등이 시큰해지려는데 시끄러운 역사의 소음들 사이로 누군가 내 이름을 부르는 소리가 들렸다. 청년이었다. 그는 사람들을 헤집고 달려와서는 나를 와락 껴안고 말했다.

"잘 가! 보고 싶을 거야!"

나도, 라고 대답했던가? 기억이 나지 않는다. 하지만 확실한 건 그가 오래도록 내 마음속에 남아 있을 거라는 사실이다. 그와 함께 마셨던 여러 잔의 차들이 가졌던 맛처럼 달콤한 추억 중에 하나로 말이다.

수천 개의 별 아래서
티타임을

거친 사막을 지나갈
여행자를 위로하는
시간

이집트 Egypt, 바하리야 Bahariya

이집트는 나에게 꽤나 로망이 컸던 나라다. 어렸을 때부터 이집트 관련 서적이라면 닥치는 대로 읽어댔고 다큐멘터리도 꼼꼼하게 챙겨 보았다. 아마도 오랜 문명에 대한 동경의 마음이었을 것이다. 그러다가 마침내 실제로 이집트 땅을 밟게 되었을 때의 감동은 매우 컸다. 따라서 그곳의 여행업계 종사자들로부터 당한 다양한 바가지 수법에 대한 분노 또한 매우 컸다. 숙박부터 투어, 기념품은 물론 경찰까지 합세해 관광객에게 바가지를 씌웠다. 여행 자금이 넉넉한 여행자였다면 조금은 너그럽게 받아들였을 수도 있다. 하지만 빠듯한 여비를 쪼개고 쪼개서 생존해야 했던 가난한 나로서는 고달프고 괴롭기만 할 뿐이었다. 처음부터 너무 지쳐서 뭘 어떻게 하지 못하고 그냥 다른 나라로 빨리 떠나야 하나 고민하는데 갈 때 가더라도 사막은 보고 가라는 조언을 여러 사람에게서 들었다. 결국 해치우자는 심정으로 바하리야 사막행 버스표를 끊었다.

바하리야는 유구한 역사를 자랑하는 이집트와는 전혀 관계 없는 사막의 오아시스 마을이었다. 밤새 어두운 길을 쉬지 않고 달린 뒤 버스에서 내리니 예약해둔 여행사에서 픽업을 나와 있었다. 베두리라고 자신을 소개한 두툼한 남자는 자신의 본업은 사실 공무원인데 사람 만나는 게 좋아서 사막 투어를 부업으로 하고 있다고 했다. 그의 지프차 뒷좌석에 나란히 앉은 나와 미국인 처자 둘은 잠이 깨지 않은 채로 고개를 끄덕였다.

사막의 태양은 아침부터 무자비하게 뜨거웠다. 방을 배정받은 우리는 누가 먼저랄 것도 없이 쓰러지듯 잠들었다. 느지막한 점심을 먹고 기세등등하던 태양의 기운이 한풀 꺾이는 기미를 보이자 베두리는 오늘은 맛보기라는 말을 강조하면서 우리를 다시 사륜구동차에 태우고 사막의 풍경을 보여주기 시작했다. 실제로 그가 보여준 사막은 일반적으로 상상하는 모래가 가득한 사막이라기보다는 아주 오래된 건조한 지형이 풍화되어 형성된 것이라는 느낌이 들었다. 이따금 작은 오아시스를

만나면 멈춰서 뜨거워진 몸을 식히곤 했다. 사막을 돌아다니는 여행자에게 오아시스의 물은 달게만 느껴졌다.

거대한 오아시스 너머로 지는 태양을 보고 숙소로 돌아와서 저녁을 먹었다. 이제 다음 날부터 본격적인 사막 투어가 시작될 참이었다. 식당 밖에는 티타임 한 판이 벌어졌다. 동네 사람들까지 합세해 모닥불을 피우고 옹기종기 둘러앉아 차를 홀짝이는 중이었다. 호기심 많은 여행자들도 그 자리에 동석했다. 곧 작은 잔들이 우리 앞에 도착했다. 사람이 여럿이라 저걸로 충분할까 의아했던 크기의 주전자에 찻잎과 설탕을 충분히 넣어 끓이는 것이 그들이 차를 만드는 방식이었다. 나중에 차를 한 사람 한 사람 나눠줬는데 충분하게 돌아가서 깜짝 놀라기도 했다. 사막의 남자들이 끓여주는 차는 매우 달콤했다.

누군가 갑자기 피리를 불기 시작했다. 옆에 있던 남자가 주변의 소쿠리를 열며 손으로 뱀이 나오는 듯한 흉내를 냈고 다들 한바탕 큰소리로 웃어 재꼈다. 조금 뒤에는 어디서 나타났는지 북소리가 들려오기 시작했고 다른 악기들도 속속 나타났다. 티타임 모임이 흥겨운 공연장으로 탈바꿈하는 순간이었다. 무어라 정확히 설명할 수는 없지만 아랍의 색채가 강했고 사막에 어울리는 악기들의 소리가 근사하게 조화를 이뤄 파동을 일으

컸다. 짓궂은 사막의 남자들은 홀린 듯 그들을 바라보던 이방인 여인들에게 악기를 연주해보길 권했다. 난생처음 보는 그것들에 이방인들이 서투르게 반응하는 것과 그 모습을 보며 그네들끼리 낄낄거리는 것은 정해진 수순이었다.

베두리가 가져온 물담배가 사람들 사이를 돌았고 저마다의 입에서 뿜어져 나온 하얀 연기 사이로 반짝이는 별이 보였다. 모닥불은 신비한 색깔로 타올랐고 흥을 주체하지 못하는 그 주위의 사람들은 악기를 두드리거나 춤을 추며 그 시간을 즐겼다. 특히 사막의 남자가 지팡이 같은 것을 짚고 췄던 일명 '봉춤'은 너무나도 관능적이어서 입이 절로 벌어질 지경이었다. 남자가 추는 춤이 그렇게 관능적일 수 있다는 것을, 그것도 사막에서 일렁이는 모닥불 빛을 통해 목격하게 될 줄은 몰랐기 때문이다.

박자에 능한 것도 아니고 딱히 춤에 소질이 있는 것도 아닌 나는 편한 자세로 비스듬히 누워 주전자에 채워졌던 사막의 차를 자꾸만 축내며 사람들이 진하게 한판 벌이며 노는 모습을 관찰하고 기록했다. 별이 반짝이는 사막의 한구석에서 모닥불을 가운데 두고 시작된 음악 소리는 그렇게 자꾸만 멀리멀리 퍼져나갔다.

붉은 사막을 건너는
시간 여행자

고생한 자만이
얻을 수 있는
티타임

요르단Jordan, 페트라Petra

특별히 페트라에 가야겠다고 생각한 적은 없었다. 그런데 이집트 시나이 산에서 만난 스페인 남자, 호주 남자와 함께 어느새 붉은 와디럼Wadi Rum 사막을 거쳐 페트라에 도착했다. 가난한 여행자에겐 꽤 비싼 입장료를 내고 가도 가도 나올 것 같지 않을 협곡을 향해 걸으며 문득 오래 전 만리장성에 오르던 때가 생각났다. 끝나지 않을 것처럼 많은 계단을 오르고 또 오르던 그때도 지금처럼 오직 하나만 생각했다.

'평생에 한 번은 꼭 해야 할 일이니까.'

처음에는 설레는 마음에 뿜어져 나온 아드레날린 덕분에 그럭저럭 두 장정의 발걸음을 따라잡을 수 있었다. 좁고 기다란 붉은 협곡에 들어서니 시간이 멈춘 듯한 신비로움에 기대감도 최고조로 상승했다. 그리고 마침내 협곡의 틈새로 모습을 드러내는 카즈네Khazne 신전과 마주한 순간의 감동을 어떻게 말로 설명할 수 있을까! 태양이 나만 째려보는 것처럼 뜨거운 사막을 걸어온 고통 따윈 날아가 버리고 오직 벅찬 감정만이 남았다. 오래도록 주변을 서성이며 쉴 새 없이 셔터를 눌렀다.

사실 페트라는 영화 〈인디아나 존스 3-최후의 성전〉의 배경으로 유명한데 영화에 나오는 모습은 페트라의 1%도 안 된다고 하니 환상은 이제부터 시작이다. 비싼 입장료에 대한 서운함이 조금씩 누그러졌다. 페트라는 바위 표면에 건설된 고대의 도시였으나 551년 발생한 지진으로 화려한 문화와 여유로운 생활을 즐기던 사람들까지, 도시 자체가 역사에서 사라져버렸다. 1,200여 년이 지나 스위스의 역사학자가 우연히 폐허가 된 고대 도시의 유적을 발견하면서 다시 사람들에게 알려지기 시작했다. 거친 황무지밖에 없는 이곳에 만들어진 도시를 보면 척박한 환경을 이겨낸 인간의 손에 대한 경외심과 감탄을 멈출 수 없다.

사막 여행자가 아닌 시간 여행자가 된 기분으로 이곳이 정말 21세기의 지구가 맞는지 다물어지지 않는 입으로 눈 비비며 몇 차례나 확인하던 나였지만, 시간이 지날수록 사막의 건조함과 태양의 기세에 짓눌려 몸도 마음도 한없이 작아지기 시작했다.

가이드를 하면서 몇 번이나 이곳에 왔다는 스페인 남자는 드물게 바람이 부는 오늘 날씨는 '판타스틱'이라며 양 엄지를 치켜세웠다. 그러나 나는 금방이라도 타 죽을 것만 같았다. 이곳 사람들처럼 햇빛을 차단하는 스카프를 머리에 둘렀으나 태양 아래서는 아무 소용없었다. 페트라에 관한 자신의 모든 지식을 속사포 랩처럼 쏟아놓는 스페인 남자의 설명을 하나도 놓치고 싶지 않았지만 내 의지와는 상관없이 자꾸만 발걸음이 느려졌다. 그래도 끝까지 걸었다. 열심히 사진을 찍으며 융성했을 고대 상업도시의 자취 위에 그때의 모습을 덧입혀 상상해보기도 했다.

웅장하고 화려했던 도시가 몰락한 결정적 계기는 물이었다. 당시 세력을 확장하던 로마는 어떤 방법으로도 함락되지 않던 페트라로 통하는 수로를 차단했고 얼마 후 쉽게 항복을 받아냈다. 이후 차차 무역의 주도권이 다마스쿠스로 넘어갔고 엎친 데 덮친 격으로 지진까지 나면서 도시는 폐허가 되었다.

폐허 도시를 탐방 중이던 나의 몸뚱이도 점차 함락되어갔다. 머릿속엔 더는 걸을 수 없다는 생각뿐이었다. 의리 넘치는 두 남자는 나를 함께 끌고 가려고 최선을 다했다. 먼저 멀리 갔다가도 내가 지쳐 보이면 천천히 걸어 속도를 맞춰주었다.

어디에서였는지 정확히 기억나지 않지만 엄청 좁고 긴 계단을 오르는데 바위틈에 베두인Bedouin(아랍어로 사막에 사는 사람들) 둘이서 천막을 치고 차를 마시며 수다를 떠는 모습이 보였다. 저 차를 딱 한 잔만 마실 수 있다면! 물은 거의 다 마셨고 입안이 바싹 마른 나는 불쌍한 눈으로 그들을 바라봤다. 눈이 마주친 베두인 남자가 내 마음을 읽었는지 이리 오라고 손짓했다. 어디서 그런 힘이 났는지 즉시 폴짝폴짝 뛰어 그들 곁에 앉았다. 의리의 두 남자도 차를 마시고 싶었던지 나를 따라 엉거주춤 자리를 잡았다.

베두인이 얼마나 오래 썼는지 검게 그을린 주전자에 찻잎을 넣고 낡은 버너 위에 올려 끓이기 시작했다. 그러고는 커다란 플라스틱 생수통의 물을 따라 유리잔을 씻어 우리 앞에 쪼르르 놓았다. 차를 끓이는 동안에도 두 베두인은 이야기를 멈출 줄 몰랐고 나와 두 남자는 얌전히 이들의 목소리에 귀 기울였다. 페트라의 뜨거운 태양에 달구어진 물이라 그런지 금세 끓는 소리가 났다. 주전자에 설탕을 들이부은 후 조금 더 기다리니 차가 완성됐다.

차는 엄청나게 뜨거웠다. 나는 제법 익숙하게 유리잔을 잡고 후후 불며 차를 홀짝이기 시작했다. 달콤하고 쌉싸래하고 뜨거웠던 그 액체가 혓바닥을 적시고 목구멍을 지나 식도로 내려가는 순간 안도감이 들었다. 말라붙었을지도 모른다 생각했던 혈관에 활기가 채워지는 상쾌함마저 따라왔다.

천천히 조금씩 차를 마시며 천막과 절벽이 만들어준 그늘 속에 앉아 있자니 그제야 한 줌 바람도 시원하게 느껴졌다. 고뇌는 잠시 잊고 행복해졌다. 베두인 남자들은 수다를 멈추고 호주 남자, 스페인 남자, 한국 여자가 자신들이 끓여 내준 차를 마시는 모습을 흐뭇하게 바라봤다.

아직 둘러봐야 할 고대의 도시는 많이 남아 있었지만 세 여행객의 유리잔에는 몇 번이고 차가 채워졌고 엉덩이는 그 자리에서 자꾸만 무거워져만 갔다.

사람들은 친절하다

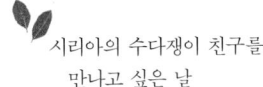
시리아의 수다쟁이 친구를
만나고 싶은 날

시리아Syria, 다마스쿠스Damascus

다마스쿠스에 머무는 동안은 매일 먹으리라 다짐했던 수크 Souq (시장)의 유명한 아이스크림 가게에서 좋아하는 피스타치오를 잔뜩 묻힌 쫀득한 아이스크림을 하나 해치우고 메디나 Medina (구시가지)를 어슬렁거리던 중이었다. 그날따라 평소 지나쳤던 액세서리들이 눈에 들어와 구경에 열을 올렸다. 이미 그라나다의 알함브라에서 아랍권 사람들의 형이상학적 기호와 문양이 빚어내는 아름다움의 향연에 반한 터라서 하나쯤 갖고 싶다고 생각해왔다. 그러나 나의 빈약한 자금 형편에 선뜻 사지 못하고 있었다.

그렇게 쇼윈도 안의 액세서리를 구경하던 중 가게 안의 압둘과 눈이 마주치고 말았다. 그는 의미심장한 미소를 지으며 문 밖까지 따라 나와 들어오라고 권했다. 나는 조금 쭈뼛거리기는 했지만 이미 그의 쇼윈도 앞에서 오랜 시간을 보낸 터라 못 이 기는 척 끌려(?)들어갔다. 그의 살라딘 숍Saladdin Shop에는 은과 다 양한 보석으로 만든 액세서리들이 반짝반짝 빛났다. 사고 싶은 것들이 너무 많아서 현기증이 일 지경이었다.

사고 싶다는 내 마음을 간파했는지 압둘이 어딘가에 전화를 걸었다. 조금 뒤 귀여운 꼬맹이가 차 배달을 왔다. 한국에서는 차나 커피 배달이라고 하면 가장 먼저 '다방 언니'를 떠올리지 만 시리아에선 귀여운 꼬마가 향긋한 차를 가지고 왔다. 덕분 에 한바탕 웃으며 조금씩 긴장이 풀어졌다.

압둘은 나의 설탕 취향을 묻더니 함께 배달 온 앙증맞은 잔 에 차를 내어주었다. 우리의 대화는 '가장 맛있는 아라비안 커 피를 마실 수 있는 곳은 어디인지, 그리고 어떻게 시리아를 여 행하는 것이 바람직한가'로부터 출발했다. 이야기는 점점 압둘 의 화려했던 과거로 옮겨갔다. 그는 액세서리 세공 실력을 인정 받아 외국에도 많은 고객을 두었다고 했다. 특히 다마스쿠스링 이라 불리는 독특한 액세서리 세공기법을 보유한 몇 남지 않은 장인이라고. 자식에게 기술을 전수할 생각이 없느냐고 물었더니 그들이 이런 일에 관심이 없을뿐더러 요즘 아이들은 끈기가 없어서 인내심을 요하는 작업을 제대로 하는 것을 못 봤다며 혀를 찼다. 그런 이야기를 지나 이야기의 흐름은 독재로 망가진 현재 시리아의 교육 시스템을 규탄하는 지점으로 넘어갔다. 그는 아이를 셋이나 둔 아버지로서 그들의 교육을 끝까지 뒷바라지하는 일이 만만치 않다며 걱정했다. 돈 없는 사람들은 아이들을 교육시키지 못하고 교육받지 못한 아이들이 성장하며 엇나가 불량한 사회의 구성원이 늘어나게 되는 부정적인 결과가 나타나니 두려운 일 아니겠냐는 결론까지.

길고 열띤 대화가 마무리되고 숍을 나올 즈음 내 손가락에는 반지가, 손목에는 압둘이 작업실의 불을 밝히고 하나하나 직접 손으로 연결했다는 다마스쿠스링 공법으로 만든 팔찌가 둘러져 있었다. 손에도 잔뜩 꾸러미가 들려 있었다. 앞으로 한 달 정도 쓰려고 계획했던 여행 경비를 넣어둔 지갑이 순식간에 텅 빈 건 말할 필요도 없었다.

무언가를 더 살 수는 없었지만 그 뒤로도 나는 메디나 산책을 나설 때면 참새가 방앗간 들르듯 압둘의 숍으로 찾아갔다. 그는 내 몫의 차까지 주문했고 우린 이런저런 수다를 떨었다. 손님이 없는 오후에는 가게 문을 닫고 함께 다마스쿠스를 산책

했다. 그가 가장 좋아한다는 레스토랑 리스트를 적어주기도 했
다. 그럴 때마다 언젠가 돈을 많이 벌면 압둘이 정성껏 만든 액
세서리를 몇 개 더 사러 가야지, 그리고 그때는 내가 차를 대
접해야지 하고 생각했다. 아, 화이트모스크에 들어가서 경내의
시원한 대리석 바닥에 앉아 사람들을 구경하며 코란을 읽는
일도 빠뜨릴 수 없다. 100년이 넘도록 전 세계인들로부터 사랑
받아온 박다시Bakdash 아이스크림도 매일 꼭 두 개씩은 먹어야
겠다는 생각도.

반드시 그런 날이 오기를 간절한 마음으로 기다린다.

박다시 아이스크림

박다시는 시리아의 수도 다마스쿠스의 알하미디아 수크Al-Hamidiyah Souq
에 1885년부터 자리를 지켜온 전통 있는 아이스크림 가게다. 신선한 피
스타치오를 묻힌 부자Booza가 가장 인기가 많지만 최근에는 망고나 초
콜릿, 딸기 같은 다양한 맛도 등장해서 그 앞을 지나다니는 수많은 사
람들의 입맛을 현혹한다. 다마스쿠스에 머물렀던 1주일 동안 거의 매일
이곳의 아이스크림을 먹었다. 그곳에서 만난 사람들 모두 다마스쿠스에
돌아올 일이 있으면 반드시 이 아이스크림을 먹으러 온다며 예찬론을
펼치기도 했다. 유니폼을 입고 아이스크림 만드는 데 열중하거나 친절
한 미소로 아이스크림을 판매하는 직원들과 다양한 사람들을 구경하는
것만으로도 충분히 즐거운 곳이다.

모든 인연이 시작되는 곳

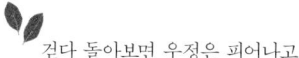 걷다 돌아보면 우정은 피어나고

터키 Turkey, 이스탄불 Istanbul

이스탄불에 머물러야 할 특별한 이유는 없었다. 터키라는 나라가 워낙 근사한 곳이라는 이야기를 들어온 터라 나중에 시간을 따로 내서 천천히 여행할 생각이었다. 하지만 이스탄불은 중동 쪽을 여행하다 보면 자연스럽게 향하게 되는 일종의 정거장 같은 도시였다.

7개월의 여행 동안 두 차례 이스탄불을 찾았다. 각각 1주일씩 지냈으니 2주의 시간을 그 도시에서 보낸 셈이다. 여행 초기 그라나다에서 만나 며칠을 함께 다닌 호주 친구 에린을 이스탄불에서 다시 만났고, 전 직장에서 인연이 있었던 여행작가 B를 만나기도 했다. 시리아에서 만났던 동생들을 만나 밀린 회포를

푼 곳도 이스탄불이었다. 그들 모두 세계를 여행하는 방랑객이었다.

그들은 하나같이 나에게 터키의 다른 도시에 갈 계획이 없느냐고 물었다. 하지만 처음 이스탄불에 도착한 시점은 시리아에서 호되게 앓고서 아랍 문명에 지쳐 스위스행 비행기를 끊은 뒤였다. 두 번째 이스탄불을 찾았을 때는 7개월 여행의 끝자락에서 숨을 고르는 상황이었다. 마지막 여행지인 조지아만 남겨놓은 터라 터키와의 인연이 여기까지라고 생각했다.

그래서일까. 이스탄불에서는 여행자라기보다 그곳에서 매일을 사는 사람처럼 시간을 보냈다. 물론 터키를 대표하는 사원인 블루 모스크는 제집 드나들 듯 출근 도장을 찍었고, 다른 곳들도 구경은 했다. 하지만 더 많은 곳을 보고 즐기겠다는 기합이 든 여행자의 상태는 분명 아니었다. 숙소를 나섰다가 좋아하는 서점에서 책이며 음반이며 문구류를 구경하다가 하루가 다 지나는 날들이 몇 번이고 있었다. 시장에서 터키 아줌마 아저씨들 틈바귀에 낀 채 신선한 재료들을 사다가 당시 신세를 지던 터키 친구 오누르의 부엌에서 국적불명의 요리를 해먹거나 오누르가 해주는 터키 특별식을 먹으며 물개박수를 치는 일상이 이어졌다.

귀찮아하는 그에게 터키식 차를 끓여달라고 졸라서 맛있는 차를 얻어 마시는 것도 일상다반사였다. 사실 그는 커피 애호가라 차는 거의 마시지 않았다. 그런데 이상하게 그가 끓여주는 차가 끝내주게 맛있었다. 시리아의 차와 비슷하지만 묘하게 다른 맛이었다. 저녁때 그의 집에 머무는 국적 다양한 사람들과 둘러앉아 여행에 대한 수다를 떨며 차를 마시고 있노라면 시간이 정신없이 흘러갔다. 물론 마시는 음료의 종류는 금세 시원한 에페스(터키의 대표 맥주)로 교체되곤 했지만 말이다.

이스탄불을 떠날 날을 사흘쯤 앞두고서야 괜스레 감상에 젖어 관광객 흉내를 내기 시작했다. 매일 카메라, 일기장, 스케치북까지 챙겨 들고 출발해 종일 걷고 걸었다. 그날들을 벨기에에서 온 마트가 함께했다. 미뤄왔던 소피아 대성당과 톱카프 궁전을 함께 둘러봤다. 마지막으로 함께했던 날, 얼마나 많이 걸었던지 빨리 집으로 가고 싶어 전차에 몸을 실었지만 퇴근길 직장인들로 가득한 그곳에서 우리 둘 다 불쾌한 일을 당하고 말았다. 억울했지만 그렇다고 해결할 방법이 있는 것도 아니라 일단 소리를 지른 뒤 즉시 하차를 선택했다. 무섭기도 하고 다리가 너무 아프기도 해서 더 걷는 것도 무리였기에 쉴 수 있는 곳을 찾기로 했다. 다행히 근처에 있는 자그마한 공원에 간

이매점 같기도 카페 같기도 한 곳이 있어 차를 주문했다.

평소에는 각설탕 한 개만 넣고 마셨지만 놀란 마음을 다스려야 한다며 각설탕 두 개를 넣고 함께 나온 자그마한 스푼으로 휘휘 저었다. 누가 더 험한(?) 일을 당했나, 비교했더니 금발의 서양인인 마트의 압도적인 승리였다. 불운의 사고를 웃음으로 승화시킨 우리는 신실하지 못하고 몰상식한 행위로 우리를 불쾌하게 만든 일부 터키 남자 모슬렘들을 맹렬히 비난했다. 그리고 그동안 우리가 봤던 아름다운 것들로 화제를 돌렸다. 웅장하고 흥미로운 역사를 가진 소피아 성당의 천장화라든지, 톱카프 궁전에서 봤던 엄청난 다이아몬드 뒤에 숨겨졌던 흥미로운 이야기에 대해서 말이다. 그렇게 매우 달았던 차를 마시며 찜찜한 기분을 털어내고 스리슬쩍 전차 역으로 돌아왔다. 러시아워는 지났는지 한산해서 안심하고 오누르네 집으로 돌아갈 수 있었다. 문을 들어서기가 무섭게 오누르에게 터키 남자들은 왜 그러냐며 비난을 한바탕 쏟아 부었다. 오누르는 우리에게 가지와 다양한 채소, 소고기와 양고기로 끝내주는 요리를 만들어주며 귀엽게 용서를 구했다.

길 위의 인연이란 참 신비한 것이다. 나는 정확히 3년 뒤에 마트를 다시 만났다. 브뤼셀에 있는 그녀의 아파트에서 그녀의 남자친구가 차려준 맛있는 저녁을 먹고 와인을 마시며 오래도록 그동안의 인생을 이야기하는 시간을 가졌다.

마트는 힘들었던 사랑을 끝내고 지금의 남자친구로부터 로맨틱한 파리 여행으로 고백받은 사연부터 그와 함께 이스탄불로 돌아갔던 이야기를 해줬다. 역사적 사건(반정부시위)을 탁심광장 한가운데서 목격했다고. 생각보다 위험하거나 무섭지 않았기에 계속 즐겁게 터키를 여행한 뒤에 돌아왔다고 했다. 두 여자의 수다는 꽤 오래도록 늦은 밤까지 이어졌다.

다음 날 아침, 그녀가 출근하기 전에 아침식사를 했다. 간단한 시리얼과 사과, 밀크티 한 잔이었다. 우리는 언젠가 이렇게 무심히 다시 만나게 되면 좋겠다고 말했다. 마트는 일터로 떠나며 내 손에 터키 여행에서 가지고 온 나자르 본주Nazar Boncugu(터키어로 '악마의 눈'을 뜻하는 부적) 하나를 꼭 쥐여주었다. 내 여행길에 혜안이 되어주길 바란다는 말도 덧붙였다. 나는 그녀를 꼭 끌어안고 고맙다고 말했다. 따뜻하고 아쉬운 포옹이었다.

이따금 방에 걸어둔 나자르 본주와 눈이 마주치면 마트와 이스탄불에서, 브뤼셀에서 마셨던 차들이 떠오른다. 그리고 언젠가 우리가 다시 만나 마시게 될 미지의 차 한 잔에 대한 기대감도.

오누르의 차이Çay가 더 맛있었던 이유

터키에는 차를 끓이기 위한 특별한 도구가 있다. 나는 그걸 이층주전자라고 부르지만 정식 명칭은 차이단륵Çaydanlık이다. 오누르는 이를 이용해 만든 차를 내주었다. 물론 그걸 사용하기 위해 쌓였던 먼지와 기름때를 닦아내는 것은 나의 역할이었다.

오누르가 차이를 만드는 방법은 먼저 1층에 물을 끓인 뒤 그 물의 일부와 찻잎을 2층에 넣고 15~20분 정도 아래층의 끓는 물의 증기로 2층의 물을 끓이는 것이다. 시간과 정성이 적잖이 필요하다. 이런 이유로 분쇄된 찻잎을 우렸음에도 과하게 떫거나 쓴맛이 나지 않는 것 같다. 얼마전 터키에 다녀온 친구로부터 차를 한 통 선물 받았지만 차이단륵이 없어 비슷한 맛을 내지 못하고 그냥 평범한 홍차로 마시고 있다.

오래된 찻집에서
야경에 풍덩 빠지다

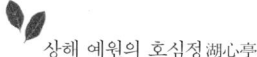
상해 예원의 호심정 湖心亭

중국China, 상하이Shanghai

여행객의 발걸음은 저녁이 가까워질수록 무거워지기 마련이다. 오래된 도시의 얼굴과 현대가 만들어낸 도시의 얼굴 중 후자를 살피느라 분주했던 하루. 쉬고 싶어서 조용한 곳을 찾아 정처 없이 걸었다. 다리가 아파 지하철을 타볼까 생각했지만 쏟아지듯 내리는 사람들과 이미 발 디딜 틈도 없는데 꾸역꾸역 밀고 들어오는 사람들 틈바구니에서 휩쓸리지 않으려고 기를 써야 했던 인민광장 역에서의 기억이 불쑥 솟아올랐다. 한 번은 정말 못 내리고 한 정거장을 더 가기도 했더랬다.

그때 생각에 혼자 낄낄거리며 웃다가 고개를 들어보니 시간 여행이라도 한 듯 중국 특유의 전통 건물들의 행렬이 시작됐

다. 드디어 말로만 들었던 유명한 예원豫園에 가까워진 모양이다. 휘청거리던 다리에 갑자기 힘이 '빡' 들어갔다.

반듯하게 곧은길의 양옆으로 선이 시원시원한 기와와 화려한 색감으로 치장한 건물들이 빼곡했다. 곧 차가 없는 길로 접어들었는데 성황묘城隍? 주변이었다. 이제 좀 쉴만한 곳을 찾을 수 있을 거라는 기대에 더 열심히 걸었다. 쌩쌩 달리는 자동차는 없었지만 어딜 가든 사람들은 바글바글했다. 나처럼 두리번거리는 사람들이 많으니 왠지 모르게 마음이 안정됐다. 하지만 그런 관광객을 노리고 주변을 어슬렁거리는 사람도 많다고 했다. 곳곳의 공안들은 허술해 보이는 관광객이 보이면 일일이 불러다가 주의를 줬다.

하늘은 어둑해졌고 건물의 불이 하나둘씩 켜지고 있었다. 엄청나게 긴 줄이 서 있던 음식점을 하나 지나치며 웬만하면 저 행렬에 동참하고 싶다는 생각이 들었지만 이 다리로는 엄두가 나지 않았다. 얼마나 대단한 맛집인가 했는데 나중에 조사해보니 굉장히 유명한 샤오룽바오 레스토랑이었다. 그곳에 앉아 바라보는 구곡교九曲橋와 호심정의 풍경이 아름다워 다들 거기에 앉아서 샤오룽바오를 먹고 싶어한다고. 행렬을 뚫고 들어가니 짜잔, 기대했던 예원이 나타났다.

예원은 명나라 때 조성된 일종의 인공 정원이다. 반윤단이라는 사람이 공직에서 은퇴한 뒤 아버지를 위해 20년에 걸쳐 만들었다고 전해진다. 오랜 시간 아름다운 모습을 잘 유지하다가 아편전쟁이 있었던 1840년대부터 수난의 역사를 겪으며 많은 부분이 유실되고 말았다.

1950년대 중반에 와서야 예전의 모습을 찾으려는 노력이 시작되어 오늘날에 이르렀다고 한다. 꾸준한 유지보수 끝에 현재는 중국 전역뿐만 아니라 전 세계 방방곡곡에서 찾아온 관광객들로 북적거리는 명소로 거듭났다.

첫발을 내딛는 순간 감탄사가 절로 나왔다.

"와, 예쁘다!"

짙푸른 저녁 하늘과 불이 들어와 반짝반짝 빛나는 오래된 건물들이 어우러진 모습은 충분히 감동적이었다. 호수에 비친 조명까지 더해져 주변이 온통 반짝거림으로 가득했다. 그 너머로는 상해의 고층건물이 보여 현대와 과거의 공존을 실감할 수 있었다. 하지만 환상적인 야경에 반한 것도 잠시, 현실은 조금 가혹했다. 아홉 번 꺾였다는 구곡교는 수많은 인파를 헤쳐 가며 건너느라 제대로 확인도 못 했다. 중국의 귀신(강시)은 앞으로 직진밖에 못 해 이 다리를 건널 수 없도록 만들었다는 전설이 재미있는 다리라는데 요즘엔 귀신이 왔다가도 사람에 질려 도망가겠다 싶었다. 우여곡절 끝에 다다른 다리의 끄트머리에서 호심정을 만났다.

호심정은 상인들의 모임 장소로 사용되다가 1855년부터 찻집으로 변신해 현재까지 명맥을 이어오는 곳이다. 슬쩍 들여다보니 내부도 시간여행을 온 것마냥 옛 모습을 세련되게 간직하고 있었다.

'이곳이다.'

지친 여행자의 다리가 쉴 곳이 정해졌다. 조금이라도 더 높은 곳에서 야경을 감상하려 2층에 자리를 잡았다. 아주 좋은 자리가 비어 있어서 기뻤다. 이런 명소가 왜 이리 한산할까 의아했는데 메뉴에 적힌 가격을 보니 절로 고개가 끄덕여졌다. 차의 몸값이 상당했다. 그냥 나갈까 잠시 갈등했지만 창 너머로 보이는 근사한 야경에 이미 홀려버린 터라 야경값을 얹어 주고 차를 마시는 것이라 여기기로 했다. 무엇을 시키겠느냐고 묻는 눈빛을 보내는 점원에게 메뉴판의 철관음鐵觀音을 가리키니 고개를 끄덕이곤 사라졌다.

바라보고 또 바라봐도 질리지 않는 아름다운 야경을 티푸드 삼아 철관음을 홀짝였다. 이미 야경에 풍덩 빠져 취했기 때문

인지 몰라도 철관음 특유의 향기와 맛이 훨씬 더 풍성하게 다가왔다. 물론 세계적인 명사들이 다녀가는 유명한 찻집답게 좋은 차를 사용할 테니 근사한 차의 맛은 당연한 일인지도 모르겠다. 곁들여 나온 두부와 매실 절임도 차와 찰떡궁합이었다. 굉장히 고전적인 다식의 맛이 호심정이라는 장소에도 잘 어울렸다.

한없이 창밖만 바라보다가 시선을 돌려 내부를 둘러봤다. 누가 저기에 앉아 차를 마셨을까 상상의 나래를 펼치게 하는 테이블과 의자, 중국 특유의 분위기를 풍기는 물건들이 즐비했다. 작은 소품들로 시선을 옮기면 옮길수록 이곳에 더 오래도록 진득하게 앉아 시간을 보내고 싶은 마음이 들었다.

하지만 여행자의 시계는 나를 내버려두지 않았다. 게다가 아까부터 위장이 저녁밥 좀 먹자고 졸라댔다. 차마 떨어지지 않는 발걸음을 겨우 뗐을 때 내가 결심한 것은 단 하나. 다음에는 오후 느지막이 이곳에 와서 제일 좋은 자리를 잡고 앉아, 태양이 금빛으로 늘어지다가 어둑해지며 예원상성에 불이 들어오는 모습을 다 지켜보고 가리라. 아울러 그 마법의 순간을 함께 즐길 수 있는 좋은 사람도 함께라면 좋겠다는 욕심도 슬며시 부려본다.

철관음

많은 사람들이 녹차라고 오해하지만 철관음은 청차의 일종이다. 발효도
가 낮은 청차에 속해서 녹차와 비슷한 특성을 가졌다. 하지만 엄연히 녹
차는 아니다. 둘의 차이는 어린잎으로 만드는 녹차와 달리 청차는 적당
히 성숙한 크기의 잎으로 만든다는 것. 또한 녹차가 만드는 과정에서 산
화를 막기 위해 바로 고온에서 단시간 열처리를 하는 데 비해 청차는 일
단 향이 좋은 차를 만들기 위해 찻잎을 조금 시들게 했다가 흔들고 말리
며 원하는 정도까지 산화시키는 과정을 거친 후 고온처리에 들어간다.

철관음이라는 이름은 청나라의 건륭 황제가 잎 모양이 관음과 같고
철처럼 무겁다 하여 붙여준 것으로 그중에서도 가장 유명한 것은 푸젠
성 안계 지역의 철관음으로 알려져 있다.

그럴 수밖에 없었던
순간들

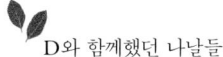
D와 함께했던 나날들

처음 D를 봤을 때 나는 저 남자가 분명 캐나다인일 거라 생각했다. 그가 구사하는 불어는 조금 어색했지만 못 알아들을 만큼도 아니었으니, 영어권에 살면서 불어를 배운 캐나다인이라고 짐작했던 것이다. 알고 보니 그는 약간의 불어를 할 줄 아는 미국인이었다.

우리는 튀니스의 수크 꼭대기에 있는 저렴한 호스텔에서 만났다. 나는 이제 막 며칠을 함께했던 스위스 일행들과 헤어져 혼자 남게 됐고 그는 사막에서의 근사한 모험을 마치고 돌아온 참이었다. 나는 그곳에 장기투숙 중인 두 명의 일본인을 만나 신이 난 상태이기도 했다. 오랜만에 아시아인들과 비슷한 문화권 사람들이 느낄 수 있는 이슬람권 여행의 어려움에 대해 이야기를 나누고 있었다.

우리가 어떻게 대화를 시작했는지는 전혀 기억나지 않는다. 다만 그와 내가 북쪽의 바닷가 도시로 향하는 기차에 함께 탔고 그 도시를 함께 거닐다 돌아온 것만은 또렷하게 기억하고 있다. 마치 영화 〈비포 선라이즈〉의 셀린과 제씨인 양 우리는 끊임없이 걸으며 많은 이야기를 나누었다. 돌아온 튀니스에서도 마찬가지였다.

바닷가에서 물 튀겨가며 서로 빠뜨리겠다고 장난을 치다가 손을 잡았던 것 같다. 기차 창 너머로 지는 해를 바라보며 눈이 마주치자 키스를 했던 것도 같다.

그가 저녁에 출항하는 배를 타고 튀니스를 떠나려던 날, 나는 그를 데리고 좋아하는 카페로 갔다. 전통 가구로 가득하지만 젊은이들이 와서 차를 마시고 시샤를 피우고 백개먼 Backgammon(3,000년이라는 기나긴 역사를 가진 주사위 게임으로 두 사람이 각각 15개의 말을 먼저 목적지에 몰아넣는 사람이 승리한다)을 하는 곳이었다. 그동안 많은 대화가 오갔지만 카페에서 우리는 조용히 각자의 차를 홀짝이며 시샤만 피웠다. 생각과 말들이 입에서 연기로 뿜어져 나와 공중으로 흩어지는 게 분명했다. 내가 창가에 앉아 우리처럼 차를 마시고 시샤를 피우며 즐거

운 이야기를 나누는 이 도시의 젊은이들을 프레임에 담는 동안 D는 자신의 생각을 몰스킨에 그렸다.

선착장에서 헤어질 때 D가 남긴 이별의 키스는 기억한다. 짧고 가벼웠던 키스.

홀로 숙소로 돌아가는 길에 비를 쫄딱 맞았다. 때마침 그날은 숙소의 홀에서 남자 쪽 결혼 파티가 있었는데 모두가 흥에 겨운 가운데 D가 나타났다. 신용카드를 분실하는 바람에 배에 탈 수 없었다고. 여자였던 나는 그저 위층에서 파티를 구경할 수밖에 없었지만 남자인 D는 괜찮지 않을까 싶어서 불쌍하고 홀쭉해진 얼굴의 그를 파티장 안으로 밀어 넣었고 그는 금세 파티 속으로 어우러졌다.

하루가 더 생긴 우리는 다시 끊임없이 세상의 모든 것에 대한 시시콜콜한 대화를 나누며 튀니스를 쏘다녔다. 수크에서 친해진 아저씨가 시장 사람들만 안다는 '맛집'에서 맛있는 점심을 사줬고 D는 통역관으로 그 자리에 참석했다. 아저씨와 헤어진 뒤에는 여행객이라곤 눈을 씻고 봐도 보이지 않는 허름하고 조그만 카페에 들어가 차를 마시며 고양이와 놀았다.

그리고 그날 밤은 내가 공항으로 가는 택시를 타야만 했다. D는 비행기를 놓치면 언제든 돌아오라는 썰렁한 농담을 했고

나는 그의 어깨를 툭 치고는 꼭 안아준 뒤 택시에 몸을 실었다. 그렇게 마지막 순간이 우리를 스쳤다.

그는 내게 긴 이메일을 보낼 테니 기다리라 했지만 메시지는 아직 오지 않았다.

나는 그에게 우리 여행의 사진을 보내주겠다 했지만 아직 보내지 않았다.

아니, 그의 이메일은 오지 않을 것이고 나는 사진을 보내지 않을 것이다.

그건 아마도 많았던 말들과 함께했던 시간들이 튀니스의 카페에서 함께 피웠던 시샤 연기처럼 사라져버렸기 때문.

시샤 Shisha

한마디로 '물담배'다. '후카Hookah'라는 이름으로도 알려져 있다. 가향된 담뱃잎을 숯으로 가열해 유리통 속에 담긴 물을 거쳐 파이프를 통해 피우는 형식이다. 다양한 재질과 세공을 거쳐 만들어지므로 장식과 가격 또한 천차만별이다. 커피와 담배가 단짝을 이루듯 시샤를 피우는 자리에는 자주 차가 곁들여져 나온다. 시샤를 카페에서 자주 목격하는 이유이기도 하다.

여러 아랍 국가 중에서도 시리아의 수크에서 맛본 것이 가장 질이 좋았다. 한편 최고로 맛있었던 시샤는 모로코에서 파일럿 친구가 물에 박하사탕을 넣어서 제조(?)한 것으로 민트 향이 가미되어 더 맛있었다. 반면 고개를 갸우뚱했던 시샤는 이스탄불을 돌아다닐 때 봤던 물이 아닌 우유를 넣고 피운 것이다. 어떤 맛이 날지 두려웠던 만큼 두 번 경험할 필요는 못 느낄 맛으로 기억한다. 전 세계를 돌아다니며 시샤를 맛본 시샤 전문가 친구에 의하면 가장 맛있는 시샤는 이집트에 있다고 하니 참고할 것.

겨울의 소소한 행복

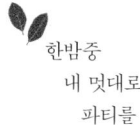

한밤중
내 멋대로
파티를

왜인지 모르겠지만, 사람들은 내가 적어도 서너 번은 인도에 다녀왔을 것이라 생각한다. 하지만 단 한 번도 인도에 다녀온 적이 없다고 말하면 눈이 동그래지며 놀라곤 한다.

너 같은 애가 인도에 안 갔다고?

이런 반응이랄지.

곧바로 이어지는 질문 또한 매우 짧고 명료하다.

왜?

음, 그것은 인도라는 나라에 혼자 가는 것이 무섭기 때문이다. 상상 외로 지저분하고 위험하다는 소문을 들어서다, 라고 나의 대답은 수년간 고정되어 있었다. 이렇게 대답해도 사람들은 그래도 한번은 가보고 싶지 않느냐고 반문한다. 나는 웃으며 타지마할은 한 번쯤 보고 죽어야 하지 않겠느냐며 대화를 마무리 짓는다. 혹시 대화 상대가 인도에 다녀온 경험이 있을 때는 대부분 나에게 꼭 그 나라에 가보라고, 의외로 너무 좋은 나머지 돌아오고 싶지 않을 수도 있다는 말을 반드시 덧붙였다.

인도 음식을 좋아하고 문화에도 관심이 많지만 역시 여행은 쉽게 결정하지 못하겠다. 그럼에도 길에서 만난 전 세계 사람들이 그토록 나에게 추천했으니 내 인생에 한 번쯤은 인도의 땅을 밟게 되지 않을까 하는 생각은 막연하게 품고 있다.

사실 요즘 들어서는 다르질링 홍차 때문에 인도에 가보고 싶다는 마음이 쥐꼬리만큼 생기기는 했다. 그리고 또 하나 내 마음을 흔들리게 하는 것이 하나 있으니 바로 인도 사람들이 수시로 마신다는 '짜이(차이라는 표현이 맞는 표기법이지만 왠지 짜이라고 부르는 것이 입에 착 붙는다)'였다.

대리만족을 위해 종종 인도 여행기를 들여다보곤 하는데 그때마다 심심치 않게 등장하는 매우 중요한 음료다. 마음과 마음을 잇는 소울Soul 음료로 추앙하는 경우가 많았던 것으로 기억한다. 게다가 그곳을 다녀온 친구들 또한 내가 짜이를 엄청 좋아할 것이며 인도 사람들은 한번 쓰고 버린다는 진흙 잔도

모아다가 가져올 사람이라고 입을 모아 말했다. 도대체 어떤 음료인지 궁금함이 증폭됐다.

인터넷을 뒤져 레시피를 여러 개 찾아냈다. 부엌의 찬장을 뒤지니 들어간다는 향신료들은 이미 다 가지고 있었다. 차도 가지고 있는 것을 이용해서 만들어도 될 듯했지만 신중을 기하기로 했다. 되도록 그들이 마시는 맛에 근접하게 만들기 위해 이태원에 있는 외국인들이 간다는 슈퍼마켓에서 인도산 차를 공수해왔다. 하필이면 영하 10℃로 떨어진 칼바람 부는 날이었다. 아무래도 진흙 잔까지 구하는 건 어려우니 차라도 비슷한 걸로 만들어야 했다. 파키스탄 출신으로 보이는 슈퍼마켓 주인아저씨에게 인도 사람들이 이 차로 짜이를 만드느냐고 네 번 정도 묻고 그렇다는 대답을 들은 뒤에야 차를 샀다. 집으로 돌아오는 길에 들른 잡화점에서 발견한 인도에서 만들어졌다는 적당한 사이즈의 밀크팬까지 갖추니 모든 준비가 마무리됐다.

깊고 깊던 바람 부는 겨울의 밤, 나는 작은 팬에 차를 끓이기 위해 하루 묵힌 물을 부었다. 그리고 곧바로 인도의 깊은 산에서 채취했다는 찻잎을 팬에 듬뿍 넣고 스토브에 불을 켰다. 불은 너무 커서도 작아서도 안 된다. 아주 적당해야 한다. 물이 많지 않으니 금세 끓기 시작했다. 차의 향기가 극성맞게 퍼져나간다. 2분 정도 기다린다.

이제는 다른 향기를 더해줄 시간. 나는 제일 먼저 시리아의 수크 깊숙한 곳에서 구한 카르다몸의 초록 껍데기를 한 줄 살짝 벗겨내고 투하했다. 그러고는 그리스에서 왔다는 월계수 잎한 장을 슬쩍 들이밀고, 별을 닮은 팔각도 하나 넣어주고, 통후추 다섯 알과 클로브 다섯 개, 열흘 동안 꿀에 절인 생강, 시나몬 스틱을 넣고 바글바글 끓였다.

3분 정도 지났을 때 파리의 슈퍼마켓에서 구해온 앵무새 각설탕 두 알을 투하한 뒤 우유를 가득 부었다. 불을 더 약하게, 꺼지지만 않을 정도로 줄여주고 이제 팬 속의 액체가 뜨거워지길 기다렸다.

완성된 액체를 인도에서는 짜이라고 하고 다른 곳에서는 마살라 차이라고 부르기도 한다. 스트레이너에 걸러 원하는 잔에 부어주면 마실 준비까지 끝!

조심스럽게 나의 첫 번째 내 멋대로 짜이를 마셔봤다.

호오, 맛있다!

인도에서 마시는 오리지널 버전이 어떤지 전혀 모르니 비교 자체가 불가능했지만 그냥 맛있었다. 호기심과 확인하고 싶은 욕구가 솟아올라서 인도에 다녀온 경험이 있는 친구를 불러다가 끓여주니 박수까지 치며 맛있다고 했다. 어깨에 힘이 '빡' 들어가는 순간이었다.

어떤 날은 설탕 대신 깊은 산에서 만들어진 꿀이 들어가기도 하고 어떤 날은 향신료의 수가 줄기도 하고 내 멋대로의 레시피는 늘 변화무쌍했다. 시리아의 수크와 파리의 슈퍼마켓에서 공수해왔던 재료들은 떨어져서 다른 곳에서 가져온 것들로 대체된 지 오래다. 그래도 언제나 맛있고 따뜻해서 나의 추운 겨울밤을 덥혀주었다. 그렇게 이후로도 쭉 나만의 짜이는 겨울에 마시는 차로 고정되어갔다.

요즘은 손만 뻗으면 손쉽게 비슷한 느낌이 나는 티백을 구하거나 아예 뜨거운 물이나 우유에 타기만 하는 분말의 형태도 있고 '마살라 차이 세트'라는 것이 있어서 한꺼번에 넣고 끓이기만 하면 되는 방법도 있는 듯하다. 하지만 추운 날 찬장을 열고 원하는 향신료를 꺼내어 늘어놓고 차가 보글보글 끓는 스토브 옆에서 천천히 만들어 마시는 짜이와는 맛부터 비교되지 않을 거라고, 이 또한 내 멋대로 생각한다.

이쯤에서 고백하나 하겠다. 마시면 마실수록 진흙 잔에 마신다는 인도의 오리지널 짜이의 맛이 궁금해지는 것이 사실이기는 하다. 직접 보지 않고는 그 아름다움을 이루다 알 수 없다는 타지마할이 있는 나라. 말 하나 통하지 않아도 그저 선한 눈으로 짜이를 권하는 사람들이 있다는 나라. 가고 싶어 하는 다르질링 마을이 있는 나라. 비행기 표를 알아보아야 할까.

아니다, 아직은 베테랑 여행자도 비위생 때문에 반드시 한번은 호되게 겪는다는 배탈 같은 것을 떠올리면 머리가 지끈거리고 두려움이 스멀스멀 피어오른다.

하지만 앞으로도 계속 겨울에 짜이를 만들어 마시고 사람들과 몇 차례 인도에 대한 이야기를 나누다 보면 나도 모르게 비행기 표를 살지도 모르겠다. 엄청나게 많은 돈이 드는 호화로운 여행으로 다녀올 수 없어도, 함께 떠날 기골이 장대한 애인이 없어도, 그럼에도 불구하고 말이다. 물론 돌아올 때는 내가 그곳에서 마셨던 짜이의 진흙 잔들 몇 개와 인도 사람들만의 짜이 만드는 비법을 여행 가방에 살포시 담아오겠지.

짜이의 맛을 더욱 깊게 만들어주는 향신료들

1. 계피와 통후추
지금은 가장 흔한 향신료 중 하나로
로마가 이집트를 지배하면서 주목받았다.
인도양과 홍해를 잇는 항로가 만들어지면서
향신료 무역의 시효가 됐다.

2. 정향
이슬람 세력이 커지면서 알려진 향신료로
화폐로 통용됐을 만큼 가치가 높았다.
추울 때 절로 한잔 생각나는 글뤼 와인을 끓일 때
오렌지에 콕콕 박아주기도 한다.

3. 팔각
중국에서는 이미 3,000년 동안 사용한 향신료로
별 모양의 외양이 화려하고 예쁘다.
원산지는 서인도로 서양에서는 인도와의 향신료 무역이
활발했을 즈음부터 알려졌다.

4. 생강
우리나라에서는 고려시대부터 재배되었지만 중국에서는
2,500여 년 전부터 재배됐다는 기록이 있고,
고향은 동인도로 추정된다.
다양한 활용법이 있는데 진저비어로 만들어 마셔도 좋다.

5. 카르다몸

'향신료의 여왕'이라는 애칭으로 불린다.
제대로 향을 배어들게 하기 위해서는
초록빛의 외피를 조금 벗기고 넣는 것이 좋다.

6. 월계수

어렸을 때 엄마가 야채수프를 끓여주면 반드시 들어갔던
향신료 중 하나다. 그리스 등 지중해에서 많이 쓰인다.

SWEET BAY

CLOVE

GINGER

CARUDAMON

CINNAMON

BLACK PEPPER

STAR ANISE

봄에 만나는
결혼의 맛

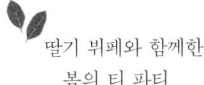

딸기 뷔페와 함께한
봄의 티 파티

봄은 생명이 움트는 계절이다. 겨우내 움츠렸던 꽃나무들이
잎사귀도 내지 않은 채 꽃망울을 펑펑 터뜨려 앙상하던 제 몸
을 휘감는다. 여인들의 옷차림이 가벼워지고 꽃을 시샘하는 바
람에 그들의 하늘하늘한 스커트 자락이 휘날리는 계절이다. 새
로움을 모색하는 눈부신 계절이건만….

이 봄, 내 얼굴은 나날이 어두워져 가는 중이었다. 오래 사귄
친구는 전화만으로도 내 상태를 감지하고는 다짜고짜 예쁘게
차려입고 만나자고 했다. 무릎 밑으로 내려간 다크서클은 도저
히 어떻게 할 수 없는데 괜찮겠느냐고 농을 쳤다. 친구는 호탕
한 웃음으로 맞받아치며 그 다크서클 다 돌돌 말아 올려줄 테
니 나오기나 하라며 전화를 끊었다.

옷장 앞에서 뱀 허물 벗듯 입었다 벗어놓은 옷들이 쌓일 무렵 겨우 맘에 드는 원피스 하나를 찾아 꿰입고 지하철을 탔다. 당산철교를 건너며 미세먼지로 가득한 여의도의 풍경을 보고 있자니 무릎에 있던 다크서클이 발목 아래까지 내려오는 것 같았다.

약속장소에 일찍 도착한 친구가 허겁지겁 달려온 나를 맞이했다. 아직 개점하기 전이었는지 점원들과 귀여운 줄무늬 옷을 입은 푸른 눈의 파티시에가 주변을 왔다 갔다 하며 무언가를 의논하느라 분주했다. 얼마 후 차례로 먹음직스러운 딸기 디저트들을 들고 나와 진열하기 시작했다. 말로만 들었던 딸기 뷔페였던 것이다. 곧 단정하게 차려입은 직원이 어떤 차를 마시고 싶은지 물었고, 나를 위해서는 달콤한 향이 날 것 같은 웨딩티를 친구는 자신의 취향에 맞춘 얼그레이를 주문했다.

차를 기다리는 동안 접시 위에 다양한 디저트들을 담았다. 상큼하고 달콤할 것이 분명한 딸기들이 총총 박힌 디저트들은 보고만 있어도 어두웠던 마음에 빛을 가져다주는 것 같았다. 친구의 말대로 딸기의 비타민C는 늘어진 나의 다크서클을 돌돌 말아줄 것이 분명했다. 뷔페에선 다섯 접시가 기본이라는 목표에 걸맞게 빽빽해진 접시를 들고 자리로 돌아왔다. 테이블

위 두 개의 티포트와 잔이 우리를 맞이했다.

웨딩이라는 이름 때문일까. 찻물이 포트에서 잔으로 또르르 흘러내리는 소리가 그날따라 아름답게 들렸다. 결혼식장에서 신부가 입장할 때 들리는 음악처럼. 예상대로 웨딩티는 달달하고 몽환적이면서도 상쾌한 향기를 머금었다. 여기에 달콤하고 부드러운 딸기 디저트까지 곁들이니 행복한 핑크빛 미래를 꿈꾸는 웨딩 그 자체였다.

그러고 보니 이제껏 마셔본 몇몇 브랜드의 웨딩티 역시 이런 맛과 향이었다. 베이스로 쓴 차에 따라 정도의 차이는 있을지 몰라도 찻잎에 입혀진 화려한 향기와 블렌딩된 꽃이나 과일들의 다양한 색감은 예쁘다는 말이 아깝지 않았다. 아마도 많은 사람들이 웨딩 하면 떠올리는 행복과 설렘이 가득한 결혼식의 모습을 차에 담아낸 것이리라. 마지막으로 마셨던 웨딩티를 떠올리려고 애쓰며 한 모금을 머금었다.

'상상했던 것과는 다르다.'

향기와 맛이 분리된 것 같았다. 조금 과하게 우려진 것인지 혀에는 차의 쌉쌀한 맛이 강하게 느껴졌는데 달콤함과 근사한 향기는 여전했다. 고개를 갸우뚱하며 접시 위의 디저트를 차례로 맛보았다. 상큼하고 차가운 딸기의 질감은 어딘가 개운치

않았던 차의 이질감을 덮기에 충분했다. 친구와의 유쾌한 수다 역시 웃음소리로 채워졌다.

첫 번째 접시를 무사히 비우고 두 번째 접시를 채워왔다. 자리에 앉자마자 다시 차를 마셨다. 조금 식긴 했지만 그제야 화려하게 날리기만 하던 향기가 침착하게 가라앉고 맛도 부드러워졌다. 순간 이게 바로 결혼의 맛이 아닐까 하는 생각이 머릿속에 꽂혔다.

대체로 결혼식은 화려하다. 준비과정이 지난하고 때로는 재앙을 부르기도 하지만 결혼식만큼은 두 사람의 인생이 핑크빛으로 물들길 바라는 수많은 하객들의 축하를 받는 시간이다. 허나 진짜 결혼이란 결혼식이 끝나고 신혼여행을 다녀오고 뜨거운 결혼식의 여운이 한 김 식은 순간, 두 사람이 일상으로 돌아온 다음부터 시작되는 것이 아니던가!

이상적인 결혼은 서로 다른 두 사람이 시간이 지날수록 상대에게 익숙해지는 것이라 생각한다. 아마도 웨딩티는 결혼의 그러한 모습을 표현한 듯하다. 브랜드마다 맛이 제각각인 것 또한 저마다의 다른 결혼이 있다는 사실과 일맥상통하는 면이 있다.

그런데 도대체 나는 언제쯤 웨딩을 마시기만 하는 것이 아니라 직접 하게 될 것인가라는 생각이 미치자 갑자기 머리가 아파져 친구의 얼그레이를 한 모금 얻어 마셨다. 홍차 특유의 쌉싸래한 맛에 정신이 확 들었다. 주위를 얼쩡거리던 두통은 베르가못 향기에 실어 날려 보내고 다시 딸기 디저트에 집중하기로 했다.

세 번째 접시를 먹는데 자꾸만 속도가 느려졌다. 위장이 점차 묵직하게 차오르고 있었다. 그래도 네 번째 접시를 채워 왔지만 끝내 비우지 못했다. 뱃속에서는 딸기와 크림이 설탕과 밀가루에 뒤섞여 차의 바다에서 헤엄치는 중이었다. 아무렴 어떤가, 친구의 호언장담대로 길게 늘어졌던 다크서클은 돌돌 말려 올라와 있었다. 고마워, 친구, 이게 다 딸기로 호강한 덕분이다!

나른한 기분에 사로잡힌 우리는 편했던 의자 깊숙이 몸을 묻고 41층의 커다란 창문을 통해 아까보다 조금은 맑아진 서울을 내려다봤다. 내년 이맘때에는 더 좋은 곳에서 더 예쁘게 차려입고 만나자는 약속도 했다. 갑자기 몸을 세우곤 새끼손가락이라도 걸 기세로 고개를 끄덕였다. 매년 이맘때 이 약속을 갱신했으면 좋겠다. 그럴 때마다 뭔가 다른 차를 곁들여야지. 그러니 딸기 뷔페여, 영원히….

Tea Story ___

딸기와 제법 잘 어울릴 것 같은 차들

1. 기문 Keemum

세계 3대 홍차 중 하나이자 중국 10대 명차이다.
중국 안휘성에서 생산되는 것으로 기문의 카카오 맛과
난화향이라고 불리는 독특한 향기가
딸기의 상큼한 향기와 잘 어울린다.

2. 백호은침 Silver Needle

봄에 나는 어린싹만 채취해서 만든다.
하얀 솜털이 연둣빛 싹을 둘러싸 통통한
찻잎의 모습이 사랑스럽다. 카페인 함량도 적고 맛도
강하지 않아 딸기 향을 온전히 즐길 수 있다.

3. 다르질링 Darjeeling

딸기는 샴페인의 짝꿍으로 자주 등장하는데
홍차계의 샴페인인 다르질링을 빠뜨릴 수 없다.
깔끔하고 신선한 차가 딸기와 만나면
괜찮은 궁합을 이룬다.

유유자적 가을의
차 마실

차와 들꽃과 함께하는
가을의 티 파티

여름내 심통만 부리는 것 같던 태양이 기운을 누그러뜨리는
가을을 좋아한다. 나무들도 고운 색깔 옷으로 갈아입고 바람
도 아직 차갑지만은 않으니 어디로든 떠나고 싶어 마음이 간질
거리는 시간이다. 어디 갈 곳 없나 괜히 지도를 펼쳐놓고 기웃
거리는데 전화가 한 통 걸려왔다.

"너 이번 주에 뭐하니? 시간 있으면 나랑 어디 좀 같이 가자."

반가운 목소리의 주인공은 나의 고모. 경상북도 봉화군에
있는 소천 초등학교 본교에서 선생님들과 함께하는 찻자리가
열리는데 각종 잡무를 담당할 도우미가 필요하다는 것이다. 찻
자리 진행부터 행다行茶 실습까지 꼼꼼하게 담당할 강사님이 바
로 나의 고모였던 것. 여행 복, 먹을 복 많은 나는 그렇게 어영

부영 어둑어둑했던 새벽을 뚫고 마침내 눈부신 가을 속 고즈넉한 교정에 섰다. 도착하자마자 교장선생님의 극진한 환영을 받은 뒤, 점심을 든든히 먹고는 판을 펼칠 준비를 시작했다.

그런데 장소가 문제였다. 학교 측에서 내정한 곳은 협소하고 산만해 고심 끝에 급식 식당으로 변경했다. 학생들의 급식이 끝나야 그곳을 사용할 수 있기에 남는 시간을 활용하기로 했다. 현지 분들의 도움을 받아 산과 들로 나가 찻자리를 꾸밀 소품을 찾아다녔다. 가장 중요한 다화는 이미 준비되었지만 가을 분위기를 물씬 풍길 만한 것들이 필요했다. 다행히 자연에는 붉게 물든 단풍잎, 보라색 열매를 맺은 이름 모를 나뭇가지, 노랗게 물든 은행잎, 매혹적인 주황빛 잎사귀가 달린 나뭇가지 등이 널려 있었다. 서울에서 내려올 때 깜빡 잊고 온 물품까지 챙겨 학교로 돌아갔다. 이제 테이블과 의자를 적합한 대열로 정비할 차례. 집에서 가져온 가을 찻자리에 어울리는 다구와 소품을 고모의 지휘에 따라 꾸미기 시작했다.

평범했던 급식 식당이 차차 가을 찻자리에 적합한 장소로 탈바꿈해갔다. 창 너머로 보이는 운동장의 노란 은행나무에 잠시 시선을 빼앗겨 움직임이 느려지기도 했다. 선생님들이 삼삼오오 모여들기 시작하니 몸과 마음이 다시 바빠졌다. 테이블에

천을 씌우고 실습용 다구들을 가지런히 놓았다. 찻자리의 분위기에 맞는 다화까지 놓고 난 빈공간을 자연에서 구해온 소품들로 꾸며 가을 분위기를 냈다. 찻자리에 어울리는 음악이 은은하게 깔리고 초에도 불이 붙었다. 선생님들은 들어올 때부터 감탄사를 터뜨리며 핸드폰으로 열심히 순간을 기록했다. 교장 선생님의 말씀이 끝나면서 가을 찻자리가 시작됐다.

준비한 차는 가을에 가장 빛을 발하는 국화차와 화려함에 누구나 넋을 잃고 바라보는 백련차였다. 노란 국화차는 커다란 유리 주전자에서 피어났고 보는 것만으로도 압도적인 백련 또한 따뜻한 물속에서 서서히 봉오리를 열었다. 두 가지의 은은하고 고혹적인 꽃향기가 서서히 공간을 채워갔다.

찻자리 시작을 알리자 선생님들이 질서 있게 나와서 차와 다식을 접시에 담아 각자의 자리로 돌아갔다.

"이거 아까워서 우째 먹노?"

고운 빛깔과 아름다운 자태를 뽐내던 다식들은 전통과 현대가 만나 만들어진 것들로 두 가지 차에 어울리는 것들이었다. 이번 찻자리에선 가을 과일인 사과를 많이 이용했다. 사과즙과 한천으로 만든 꽃모양 양갱, 사과즙을 이용한 젤리, 호두를 달콤하게 코팅해서 튀겨낸 것, 호박 모양 떡이 찻상에 올랐다.

담소를 나누며 맛있는 차를 마신 뒤에는 격을 갖추어 차를 우려내는 수업을 했다. 차를 우리는 데 필요한 도구들과 그 명칭, 놓는 위치를 시작으로 팽주_{烹主}(찻자리를 주관하는 사람)의 인사법이 이어졌다. 다구를 잡는 법, 물을 따르는 법 등 세부적인 부분까지 설명한 다음에는 직접 차를 우려보는 실습도 했다.

늘 아이들을 가르치던 선생님들이 눈빛을 초롱초롱 빛내며 진지하게 차를 우리는 방법에 대해 배우는 모습이 인상적이었다. 다들 즐겁고 편하게 가을을 만끽하며 새로운 문화를 접하고 받아들였다. 그래도 행다의 낯선 과정을 따라하는 것이 쉽지만은 않았는지 매의 눈으로 지켜보는 고모의 지적을 받기도 했지만 모두 유쾌하게 웃었다. 이곳을 가득 채운 즐거운 기운이 아이들에게도 미치기를 바랐다. 그렇게 찻자리가 무르익는 동안 나의 가을이 봉화에서의 조금 더 깊어졌다.

수북하게 쌓여 있던 남겨진 잔과 다구를 깨끗이 닦고 다시 꼼꼼하게 짐을 싼 뒤 뒤풀이 장소로 이동했다. 파란 저녁 하늘을 바탕으로 식당이 그림처럼 서 있었다. 자연 송이의 향기가 가득한 음식을 맛볼 수 있는 곳이었다. 테이블 위로 다양한 반찬들이 가득 올라오고 둘러앉은 사람들은 찻자리의 여운에 대해서 말했다. 화기애애한 분위기 속에 나온 뚝배기 속의 송이

와 밥을 비벼 먹는데 입안으로 퍼지는 가을의 향기로 다른 생각은 들지 않았다.

도시 속에 갇혀 정신없이 지냈을 때는 바깥에 늘어선 가로수들이 저마다의 색깔을 바꾸고 부르르 잎사귀들을 떨어내면 가을이 깊어졌음을 실감했다. 그런데 길고 긴 길을 달려 닿은 봉화에 내리니 가을이 지천이었다. 눈부셨던 가을의 햇살과 운동장 한구석에 무심하게 물들어 서 있던 은행나무의 노란 빛깔이 다시 도시로 돌아온 뒤에도 오래도록 생생했다.

Tea Story __

국화차

국화는 바싹 말리면 그 향을 잃고 만다. 하지만 뜨거운 물과 만나는 순간 화사하고 향기로웠던 국화로 다시 피어난다. 햇살을 받아 노랗게 빛나던 향기와 제 안의 모든 것을 물에 내어준다.

국화가 우러나면 사람들은 그 속에 담긴 향기와 맛을 음미한다. 가장 이상적으로 마시는 방법은 유리 티포트에 우려서 꽃이 피는 모습과 노란 찻물의 색을 감상하는 것이다.

백련차

백련 봉오리를 채취해 만드는 백련차는 문헌에 오래 존재했지만 명맥이 거의 끊기다시피 한 것을 어느 스님의 노력으로 되살려낸 것이다. 마음을 안정시키는 진정작용과 항산화 기능이 있다.

넓은 수반에 봉오리를 세우고 잎을 하나하나 펼쳐서 우리는데 찻자리의 우아함이 극에 달한다. 백련차만으로도 맛과 향기가 뛰어나지만 연꽃의 향을 입힌 녹차를 넣고 우리면 차의 맛이 훨씬 좋아진다.

Epilogue

나의 차茶 24時, 결국 언제라도 티타임

일상다반사의 일환으로 몹시 더운 여름을 제외하고 아침에 눈을 뜨면 내가 가장 먼저 하는 일은 전기 포트에 넉넉하게 물을 붓고 끓이는 것이다. 뜨거운 물을 낭비할 일은 없다. 귀찮음 때문에 밤을 넘긴 설거지에 사용해도 되고 추운 겨울이라면 고무 물주머니에 부어 끌어안고 있어도 된다. 그렇게 다용도로 사용하다 보면 오히려 차 우릴 물이 모자라서 한 번 더 물을 붓고 전기 포트의 스위치를 누르게 될지도 모른다.

차가운 물이 포트에서 몸을 데우는 동안 나는 어떤 차를 마실까 고민한다. 빈속에 카페인 음료부터 들어가면 속이 상하기라도 할세라 대개는 밀크티라는 결론을 내리지만, 또 밀크티라는 것이 베이스를 어떤 차로 사용하느냐에 따라 다양한 맛

을 내기 마련이니 고민은 계속된다. 가장 무난한 것은 잉글리시 브렉퍼스트가 될 것이고, 실론을 진하게 우려서 우유를 잔뜩 부어도 맛있고, 우유가 어울리는 캐러멜 가향 차나 향신료가 들어간 차이도 나쁘지 않다. 혹시 어떤 형태로든 카페인이 부담스럽다면 루이보스나 보이차로 만든 밀크티도 나쁘지 않은 선택이 될 것이다.

아침부터 울적하다거나 찌뿌듯한 기운이 감지된다면 슬쩍 설탕을 한 스푼 타서 휘휘 저어 마셔보자. 혈관으로 즉시 당분이 보급됨과 동시에 기분이 한결 나아질 것이다.

한상 떡 벌어지는 거나한 아침이든 아주 단출한 상이든 아침식사를 마치면 음식을 소화시키겠다고 차를 마신다. 포트에 물을 올리고 이번에는 책상 위에 쌓인 일거리들을 노려본다. 하루를 어떻게 짜임새 있게 보내야 오늘의 할당된 일을 마칠 수 있을지를 가늠하는 것이다. 효율성 좋은 아침에 많은 일을 해치우는 것이 좋으니 자주 향이 좋은 차로 손이 간다.

세계 방방곡곡에서 나온 다양한 브랜드의 가향 홍차일 수도 있고 '어쩜 인공적 가향 없이 이런 향기가'라는 말이 저절로 나오는 청차 계열일 수도 있다. 이도 저도 아니면 정신을 확 깨게 해주는 녹차를 선택하는데 녹차와 연꽃향이 나는 차를 적절히

섞거나 재스민차를 마시면 된다.

차 마시는 일이 좋은 건 어떤 일과 함께해도 다 괜찮다는 것. 즉, 멀티태스킹이 된다는 점이다. 아침에는 주로 차를 마시며 열심히 일을 한다. 어느새 점심시간이 다가오고 점심을 먹고 또 차를 마시고 마저 일을 하다 보면 다시 저녁이 오기 마련. 저녁 먹고 또 소화시키겠다고 아주 자연스럽게 차를 우리겠지. 소화 잘되는 암차가 있다면 땡잡은 일이고 무거운 저녁식사를 했다면 보이차를 마신다. 잠들기 전에 또 차를 마시고 싶다면 대개 보이차나 루이보스 혹은 허브차 같은 카페인이 적거나 없는 차를 마신다. 상황이 이렇다 보니 누가 보면 그야말로 종일 차만 마시는 것 같다. 그리고 그건 어느 정도 사실이다. 정확히 언제부터인지는 모르겠지만 실제로도 엄청난 양의 차를 마시는 인생이 되고 말았다.

외출할 때 가방에는 기본적으로 티백과 텀블러가 들어 있다. 혹시 어디 여행이라도 떠날 때면 그럴 시간이 없을 수도 있음에도 차를 우릴 도구와 소분된 잎차부터 챙긴다. 당연히 누구를 만나도 약속 장소인 카페의 메뉴판에 무슨 차가 있는지 살피고 직원을 불러 어떤 브랜드의 차를 내주는지 묻는다. 물론 카페의 차들이 티백인 경우도 많다. 우여곡절(?) 끝에 나온 포

트 속에 있는 차가 싱겁기라도 하면 바로 직원을 불러서 내 입맛에 맞는 차가 될 정도의 찻잎을 추가로 요구하기도 한다. 미팅이 있어 방문한 거래처에 커피믹스 말고 현미녹차 티백이라도 구비되어 있으면 그렇게 반가울 수가 없다.

예전에는 친구들로부터 무슨 유난을 그렇게 떠느냐고 핀잔을 들었지만 이제는 다들 어디 먼 곳이라도 다녀올 참이면 마트에 갔는데 눈에 보이니 네 생각이 나더라며 하나 샀다고 티백이 든 차 한 상자라도 건네는 경우가 많아졌다. 다른 사람으로부터 선물 받았는데 자기는 안 마신다며 넘겨준 차들도 꽤 있었다. 그렇게 나의 마셔본 차 목록은 주위 사람들 덕분에 자꾸만 넓어질 수 있었다.

뿐만 아니라 원래 차라면 손사래를 치던 사람들도 내가 홀짝홀짝 맛있게 마시는 모습을 보고 궁금해졌다며 무슨 차가 맛있는지, 어떻게 해야 차 생활을 시작할 수 있는지 물어오기도 한다. 그렇게 주변에 차 마시는 사람들의 수도 자꾸만 늘어갔다.

차 마시는 사람이 많아지니 자꾸만 차에 대해 이야기하고 다양한 차를 서로 나눠 마실 수 있어서 너무 행복하고 즐겁다.

혹시 어디 외국에 나가게 되더라도 거창한 대화나 소통의 시도 없이도 그저 앞에 놓인 차 한 잔 덕분에 전혀 어색하지 않

을 수 있었던 순간이 참 많았다.

삶은 내가 바라는 대로 흘러가지 않는다. 순풍에 잘나가던 삶이라는 배가 태풍과 격랑을 만나 흔들리고 괴로울 때도 있다. 물론 기쁘고 행복한 순간도 있을 것이다. 그 모든 순간 나는 차를 마신다. 평정심을 유지하기 위한 일시 정지랄까.

무슨 차를 마실지, 그 차를 어떤 도구를 사용해서 우려낼지 생각하는 일은 내 주변을 둘러보는 일과 직결되어 있다. 더 나아가 차를 우리는 물의 온도까지 생각해야 하는 일이다. 그 이후에 차가 우러나는 시간을 생각하는 일 또한 매우 중요하다. 너무 오래 우리면 맛이 쓰고 떫어지니까. 그런 세세한 것까지 신경 쓰다 보면 적어도 마실 차를 준비하는 그 시간만큼은, 마음을 가라앉힐 수밖에 없다. 그리고 조금은 가라앉은 마음으로 차를 마시면 차분히 자신이 처한 상황에 대해 생각할 수 있게 된다. 혹시 그 순간에 누군가와 함께라면 기쁨은 배가되고 슬픔이나 고민은 나눌 수 있을 것이다.

이건 굳이 차를 마시는 경우로만 국한되는 것은 아니다. 많은 사람들이 커피 한 잔 마실 때도 어떤 머그잔을 사용할지 생각하게 되지 않던가! 심지어 종이컵에 믹스 커피를 타서 마셔도 그 커피가 물에 녹는 순간만큼은 향을 느끼고 잔의 얼마만

큼을 뜨거운 물로 채워야 가장 맛있을지 가늠하게 된다. 내가 느끼기엔 그런 모든 행위가 일시 정지다. 특히나 일렁이는 마음에는 그렇게 한 박자 쉬는 게 필요하다.

아니, 아니, 여러 이유 필요 없다. 솔직히 내가 차를 종일, 끊임없이 마셔대는 이유는 아주 단순하다.

맛.있.으.니.까.

자꾸만 차에 대한 글을 쓰는 이유가 있다면 이 좋은 걸 더 널리 알려서 그만큼의 사람들이 차를 마셨으면 하는 마음이 있기 때문이다. 어디 낯선 곳에 가서 찻집 없나 기웃거리는 것도 그저 따뜻하고 맛있는 차 한 잔이 간절하기 때문이다. 혹시 그렇게 차를 마시다가 새로운 친구를 만나게 될지 어떻게 알겠는가. 그리고 굳이 하나 더 꼽자면 맛있는 차를 마시는 동안 특정 장소나 특정 시간 속으로 돌아갈 수 있는 신비한 시간여행의 가능성은 차와 함께해온 세월과 여행의 추억이 내게 주는 귀한, 그래서 나누고 싶은 선물이기 때문이기도.

부디 여태껏 나와 함께했던 티타임들이 지루하지 않았기를. 세상에 있는 수많은 차에 대해 궁금해졌기를. 문득 차 한 잔이 간절해져 지금 당장 포트에 물을 올리고 무슨 차를 마실지 고민하게 됐기를. 그렇다면 나로선 고맙고 또 고맙겠다.

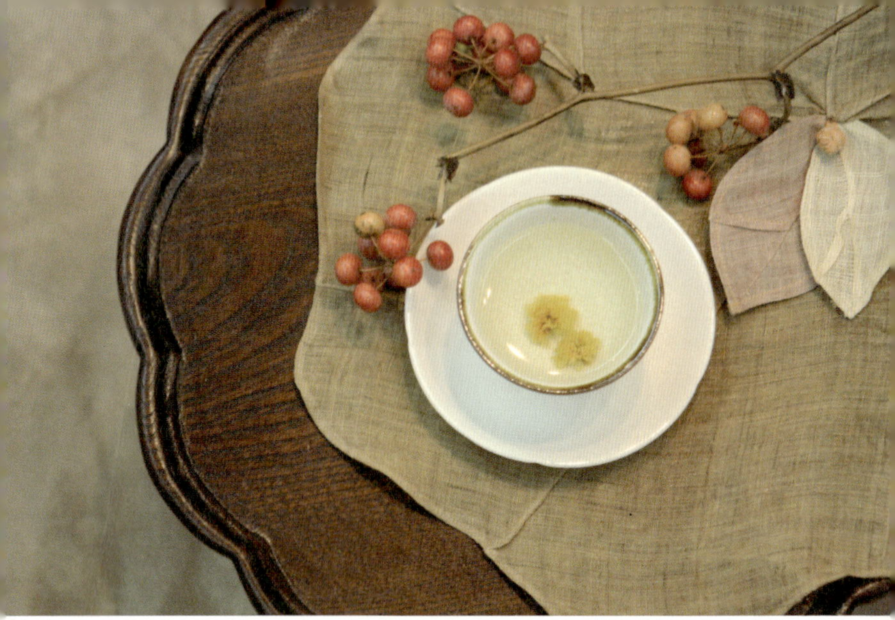

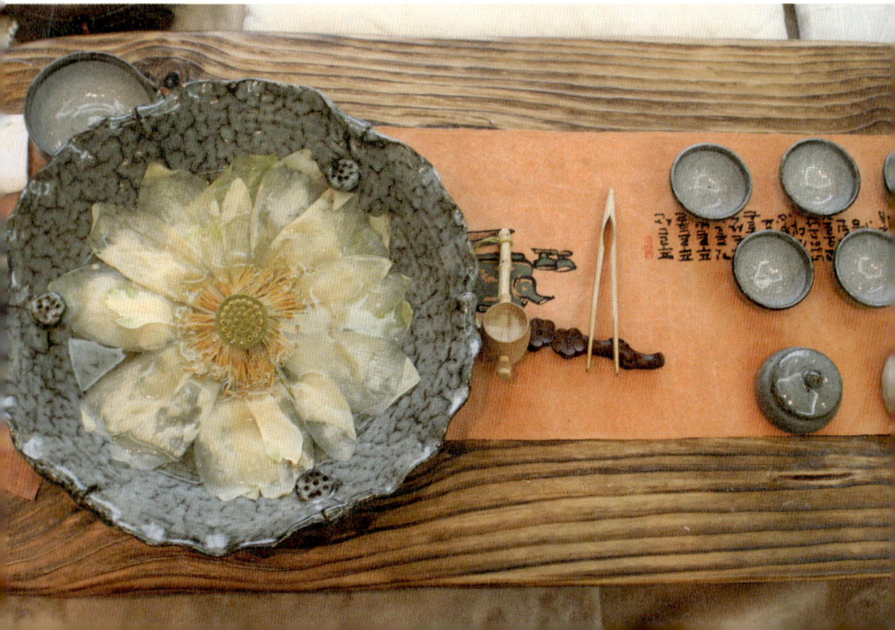